Nach der für die Leipziger Juristenfakultät bestehenden Promotionsordnung ist die Drucklegung der Dissertation keine Vorbedingung der Promotion, und die Fakultät hat die Überzeugung, daß eine Prüfungsarbeit gut und ein vollgültiges Zeugnis der wissenschaftlichen Bildung ihres Verfassers sein kann, ohne daß ihr der allgemeine Wert zukommt, welcher ihre Veröffentlichung wünschenswert macht.

Doch hat die Fakultät es stets als einen Übelstand empfunden, daß eine nicht unbedeutende Zahl von ihr approbierter Dissertationen, welche die Wissenschaft fördern, theils gar nicht zum Druck gelangen, theils ohne Bezeichnung ihrer Eigenschaft als Doktorschrift veröffentlicht worden sind. Daher ist die Einrichtung getroffen worden, daß derartige Dissertationen unter den Auspizien der Fakultät veröffentlicht werden können. Die Thätigkeit der Fakultät wird sich dabei auf die Feststellung der Druckwürdigkeit beschränken; sie übernimmt keine Verantwortung für den Inhalt im Einzelnen.

Die Arbeiten erscheinen in selbständigen Heften und sind einzeln verkäuflich.

Leipzig, im Juli 1893.

Die juristische Fakultät:
Dr. J. E. Kuntze,
d. z. Dekan.

AUSGEWÄHLTE DOKTORDISSERTATIONEN
DER
LEIPZIGER JURISTENFAKULTÄT.

ÜBER DIE

KOLLEKTIVPROKURA.

VON

DR. JUR. FELIX BIE.

LEIPZIG,
VERLAG VON VEIT & COMP.
1894.

Druck von Metzger & Wittig in Leipzig.

Inhalt.

Benutzte Werke.

Anschütz, August, und Frh. v. Völderndorff, Kommentar zum Allgemeinen Deutschen Handelsgesetzbuch, 1. Band, Erlangen 1868.

Gareis, Karl, und Otto Fuchsberger, Das Allgemeine Deutsche Handelsgesetzbuch nebst den sich daran anschließenden Reichsgesetzen, herausgegeben und durch Anmerkungen und Auszüge aus der Litteratur erläutert, Berlin 1891.

v. Hahn, Friedrich, Kommentar zum Allgemeinen Deutschen Handelsgesetzbuch, 1. Band, 3. Aufl., Braunschweig 1877.

Keyßner, Hugo, Das Allgemeine Deutsche Handelsgesetzbuch nach Rechtsprechung und Wissenschaft erläutert und herausgegeben, Stuttgart 1878.

Koch, C. F., Das Allgemeine Deutsche Handelsgesetzbuch, herausgegeben mit Kommentar und Anmerkungen, Berlin 1863.

Makower, H., Das Allgemeine Deutsche Handelsgesetzbuch, mit Kommentar herausgegeben, 10. Aufl., Berlin 1890.

Puchelt, Ernst Sigismund, Kommentar zum Allgemeinen Deutschen Handelsgesetzbuch, mit besonderer Berücksichtigung der Rechtsprechung des Reichsgerichts und des vormaligen Reichsoberhandelsgerichts herausgegeben, 4. Aufl., bearbeitet von Förtsch, 2. und 3. Lfg., Leipzig 1892.

Staub, Hermann, Kommentar zum Allgemeinen Deutschen Handelsgesetzbuch, Berlin 1893.

Willenbücher, Das Allgemeine Deutsche Handelsgesetzbuch mit Ausschluß des Seerechts, für die Praxis erläutert, Berlin 1891.

Esser, Robert, Das Reichsgesetz, betreffend die Kommanditgesellschaften auf Aktien und die Aktiengesellschaften, vom 18. Juli 1884, erläutert, 4. Aufl., Berlin 1887.

Ring, Viktor, Das Reichsgesetz, betreffend die Kommanditgesellschaften auf Aktien und die Aktiengesellschaften, vom 18. Juli 1884, erläutert, 2. Aufl., Berlin 1893.

v. Völderndorff, Das Reichsgesetz, betreffend die Kommanditgesellschaften auf Aktien und Aktiengesellschaften, vom 18. Juli 1884, erläutert, Erlangen 1885.

Birkenbihl, Das Reichsgesetz, betreffend die Gesellschaften mit beschränkter Haftung, vom 20. April 1892, erläutert, Berlin 1892.

Esser, Robert, Das Reichsgesetz, betreffend die Gesellschaften mit beschränkter Haftung vom 29. April 1892, erläutert, Berlin 1892.

Die Protokolle der Kommission zur Beratung eines Allgemeinen Deutschen Handelsgesetzbuches, im Auftrage dieser herausgegeben von J. Lutz, Würzburg 1858 ff.

Scheffer, Fr., und Gross, C., Repertorium zum Allgemeinen Deutschen Handelsgesetzbuch, Kassel 1867.

Behrend, J. Fr., Lehrbuch des Handelsrechts, 1. Band, Berlin 1881.

Cosack, Konrad, Lehrbuch des Handelsrechts, 2. Aufl., Stuttgart 1893.

Endemann, W., Das Deutsche Handelsrecht systematisch dargestellt, 3. Aufl., Leipzig 1887.

Gareis, Karl, Das Deutsche Handelsrecht, ein kurz gefaßtes Lehrbuch, 4. Aufl., Berlin 1892.

Thöl, Das Handelsrecht; 1. Band, 6. Aufl., Leipzig 1879.

Friedberg, Emil, Formelbuch für Handels-, Wechsel- und Seerecht herausgegeben, Leipzig 1890.

Fuchsberger, Otto, Sämtliche Entscheidungen des Deutschen Reichs-Oberhandels- und Reichsgerichts; 1. Band, nach dem System des Handelsgesetzbuches geordnet, 2. Aufl., Gießen 1889.

Handbuch des Deutschen Handels-, See- und Wechselrechts, unter Mitwirkung von Brunner, Cohn, Gareis etc., herausgegeben von W. Endemann, Leipzig 1881 ff.

Renaud, Achilles, Das Recht der Aktiengesellschaften, 2. Aufl., Leipzig 1875.

Dahn, Felix, Deutsches Rechtsbuch, ein Spiegel des heutigen Bürgerlichen Rechts in Deutschland, Nördlingen 1876—77.

Dernburg, Heinrich, Lehrbuch des Preußischen Privatrechts und der Privatrechtsnormen des Reichs; 4. Aufl., Halle a. S. 1884—89.

Dernburg, Heinrich, Lehrbuch der Pandekten, 3. Aufl., Berlin 1892.

Zachariae v. Lingenthal, Handbuch des französischen Civilrechts, 5. Ausgabe, Heidelberg 1872.

Archiv für Theorie und Praxis des Allgemeinen Deutschen Handelsrechts, herausgegeben von F. B. Busch, Leipzig 1863 ff., Band 1, 2, 3, 6, 8, 9, 21, 23 u. a.

Centralorgan für das Deutsche Handels- und Wechselrecht, herausgegeben von G. Löhr, Elberfeld, Jahrgang 1863, 1864, desgl. Neue Folge, Band 8 und 9.

Entscheidungen des Reichsoberhandelsgerichts, herausgegeben von den Räten des Gerichtshofes, Erlangen und Stuttgart 1872 ff., Band 5, 8, 17 und 18.

Zeitschrift für das gesamte Handelsrecht, herausgegeben von L. Goldschmidt, Erlangen 1858 ff., Band 7, 14, 21 und 40.

Beiträge zur Erläuterung des Preußischen Rechts, des Handels- und Wechselrechts durch Theorie und Praxis, herausgegeben von J. A. Gruchot; 13. Jahrgang, Berlin 1869.

Bolze, A., Die Praxis des Reichsgerichts in Civilsachen, Leipzig; Band 1, 1885; Band 4, 1888.

Jahrbuch für Entscheidungen des Kammergerichts in Sachen der nichtstreitigen Gerichtsbarkeit und in Strafsachen, herausgegeben von Reinhold Johow (und bis Band 5 inkl. von Oskar Küntzel), 2. Band, Berlin 1881; 10. Band 1891.

Seuffert, Archiv für Entscheidungen der obersten Gerichte in den deutschen Staaten, herausgegeben München, Band 12, No. 60.

Zeitschrift für das Notariat in Rheinpreußen, 17. und 18. Jahrgang, 1872 und 1873.

Zeitschrift für Rechtspflege in Braunschweig, Jahrgang 1890.

I. Einleitung.

§ 1. a. Das allgemeine deutsche Handelsgesetzbuch enthält eine bedeutende Anzahl von Bestimmungen, welche die Befestigung des Kredites im Handelsleben bezwecken, indem sie dem Publikum gegen mißliche Ausflüchte und Weiterungen der Personen, mit denen es Kontrakte schließt, Sicherung gewähren. Insbesondere macht sich das Erfordernis derartiger Normen geltend, im Falle wir nicht mit dem Prinzipal selbst verhandeln können, sondern mit einem Bevollmächtigten an seiner Statt unsere Geschäfte abzuschließen genötigt sind. Dahin gehören vornehmlich die materiellen Rechtssätze über den Umfang der Prokura, eines durchaus modernen Rechtsinstitutes, welches dem eben hervorgehobenen Bedürfnisse in der ausgedehntesten Weise Rechnung trägt. Das Gesetz bestimmt, daß die darin enthaltene Vollmacht dem kontrahierenden Publikum gegenüber nicht beschränkt werden darf, so daß sie nur auf gewisse Geschäfte oder Arten von Geschäften gestellt würde, oder nur für gewisse Umstände, Zeiten oder Orte Geltung hätte und dergl. Was in dieser Beziehung zwischen dem Prinzipal und dem Prokuristen bestimmt wird, ist unter ihnen rechtsverbindlich und kann insbesondere ein Recht auf Schadensersatz oder Aufhebung des Verhältnisses unter ihnen begründen; dem dritten dagegen sollen diese vereinbarten Beschränkungen nicht entgegen gehalten werden können. Derjenige, der die Prokura erteilt, hat seinem Prokuristen getraut, er soll die Gefahr des Mißbrauchs nicht auf das Publikum wälzen, diesem auch nicht infolge von Zirkularen oder sonstigen Veröffentlichungen zumuten können, daß es jene Modifikationen der Vollmacht beständig vor Augen halten, das Zutreffen und die Tragweite derselben in jedem einzelnen Kontraktsfalle auf seine Gefahr hin prüfe und nur durch Anwendung einer, dem Verkehre nicht zusagenden Vorsicht dem Schaden entgehe.

Ein anderer Teil der zur Sicherung des Publikums im Falle des Vertragsabschlusses mit Stellvertretern dienenden Bestimmungen des Handelsgesetzbuches besteht in Vorschriften und Einrichtungen mehr formaler Natur, die sich an die materiellen Normen anschließen. Dahin gehören die, auch auf die Bestellung von Prokuristen Anwendung findenden Vorschriften über die Veröffentlichung durch das Handelsregister und die Verpflichtung des Gerichtes, darauf zu halten, daß diese Veröffentlichungen den wahren Sachverhältnissen und der gesetzlichen Regelung entsprechend geschehen; dahin gehören ferner die in Ansehung der handelsgerichtlichen Eintragungen Platz greifenden eigentümlichen Präsumptionen. Die dritten Personen sollen sich nach dem Inhalte des Handelsregisters richten können, ebenso als wenn ihnen derselbe durch Zirkular oder spezielle Korrespondenz mitgeteilt und zugesichert wäre. Insbesondere soll die Erteilung und Aufhebung einer Prokura seitens des erteilenden Prinzipals beim Handelsgerichte zur Eintragung angemeldet, sowie die Unterschrift nebst der Firmazeichnung der Prokuristen zum Handelsregister gebracht werden, damit das Publikum die Zeichnung, der es als echter und verbindender Unterschrift im Geschäftsverkehre zu trauen hat, nach Inhalt, Form und Handschrift, wie sie gewöhnlich durch Zirkulare mitgeteilt werden, in den Akten über das Handels-, bezw. Prokurenregister bleibend für immer aufbewahrt finde.

b. Um indessen unbeschadet dieser Rechtsbestimmungen besonderen Verhältnissen Rechnung zu tragen, um das Interesse des Prinzipals zu berücksichtigen und die Solidität seiner Handelsunternehmungen zu erhöhen, soweit deren Leitung sich in fremden Händen befindet, hat das Gesetz dem Geschäftsherrn das Mittel gewährt, der Gefahr, die für ihn in jenem unbeschränkten Umfange der Prokura liegt, dadurch zu begegnen, daß er zur Ausübung der Prokurabefugnisse mehrere Personen nur gemeinschaftlich als Kollektivprokuristen ermächtigt. Während alsdann der dritte Kontrahent in dem einzelnen einen nicht hinreichend Bevollmächtigten vor sich hat und sich selbst den Schaden beimessen muß, wenn er sich mit diesem allein einläßt, ist der Prinzipal besser gestellt: er ist in der Lage, den Vertrauensposten der Prokura mehreren verleihen zu können, ohne jedoch dem Leichtsinn, der Unerfahrenheit, der übermäßigen Spekulationsneigung oder Unredlichkeit des einzelnen schutzlos ausgesetzt zu sein.

II. Geschichtliche Vorläufer der Kollektivprokura.

§ 2. Angesichts der eben geschilderten eminent praktischen Bedeutung der Kollektivprokura und im Hinblick auf die außerordentlich starke Verbreitung, welche dieselbe im Laufe der Zeit im Handelsleben gefunden hat, muß es uns einigermaßen Wunder nehmen, daß die Theorie sich mit diesem, geradezu unentbehrlich gewordenen Rechtsinstitute bisher noch recht wenig beschäftigt hat und weit davon entfernt ist, die von der Praxis aufgeworfenen, äußerst streitigen Fragen, insbesondere über Begriff, Umfang und Zeichnung der Kollektivprokura nur annähernd übereinstimmend gelöst, geschweige denn erschöpfend behandelt zu haben.

Die Begründung für diese auffallende Erscheinung darf man zum Teil vielleicht darin sehen, daß nicht nur das römische Recht, und zwar sowohl in seiner ursprünglichen Gestalt, wie in seiner Fortbildung als gemeines Recht, sondern auch die seit Ende des vorigen Jahrhunderts in den verschiedenen Ländern entstandenen Kodifikationen des bürgerlichen Rechts sämtlich nur sehr schwache Anhaltspunkte für die richtige Beurteilung des Wesens der Kollektivprokura bieten, daß mit anderen Worten das Handelsgesetzbuch hiermit eine fast jeder Analogie bare Einrichtung getroffen hat, welche sich in der Praxis längst Eingang verschafft hatte, bevor man überhaupt anfing, die rechtliche Natur derselben eingehend ins Auge zu fassen und aus sich selbst heraus zu entwickeln.

§ 3. Wenden wir unsere Betrachtung den Pandekten zu, so darf zunächst nicht außer Acht gelassen werden, daß der Gedanke der direkten Stellvertretung, welcher das heutige römische oder gemeine deutsche Recht allgemein beherrscht, den Römern fast völlig fremd war. Der kaufmännische institor, den man schlechthin als den Vorläufer der Prokuristen zu bezeichnen pflegt, wurde ebenso wie der eine ganz ähnliche Stellung einnehmende magister navis aus jedem von ihm abgeschlossenen Geschäfte selbst dem Kontrahenten verhaftet, und nur nebenher gewährte der praetor eine actio adiecticiae qualitatis auch gegen den Geschäftsherrn. Abgesehen hiervon unterschieden aber bereits die Römer zwischen dem inneren Verhältnis des institor zum Geschäftsherrn und seiner Stellung nach außen gutgläubigen Dritten gegenüber.[1] Der institor ist dem Geschäftsherrn verbunden, dessen Anweisungen zu beobachten, und wird ihm im Falle ihrer Nichtbefolgung verant-

---

[1] Vergl. u. a. Dernburg, Pandekten, 3. Aufl., 1892, II. Bd., § 13, Ziff. 2.

wortlich. Aber gutgläubigen Dritten haftet der Geschäftsherr auch aus verbotswidrigen Geschäften seines institor, sofern zum Abschlusse solcher Geschäfte derartige Angestellte üblicherweise befugt sind. Nichts steht jedoch im Wege, durch öffentliche Bekanntmachungen,[1] beispielsweise durch erkennbaren Anschlag vor dem Geschäftslokale (palam proscriptum) die Befugnisse des institor in Bezug auf Art, Zeit und Ort zu beschränken, ja ihn vom Geschäftsabschlusse gänzlich auszuschließen, und zwar mit rechtsverbindlicher Wirkung gegen jeden Dritten, weshalb diesem in seinem eigenen Interesse große Vorsicht geboten war, und eine Erkundigung nach dem Inhalt der Befugnisse des institor besonders bei Verdachtsgründen zur Pflicht gemacht wurde.[2]

Beim Vorhandensein mehrerer institores oder magistri navis lag das Verhältnis nun so:

Waren dieselben für ebensoviele verschiedene Geschäftsgebiete angestellt, so war auf jedem nur der eine legitimiert. Waren sie für dasselbe Geschäftsgebiet angestellt, so kontrahierte ein Dritter mit jedem einzelnen giltig, wenn nicht ausdrücklich ausgesprochen war, daß sie nur in der Gesamtheit den Prinzipal sollten vertreten können.[3]

Die Vermutung spricht also dafür, daß im Zweifel bei mehrfacher Bevollmächtigung jeder der Bevollmächtigten befugt ist, für sich zu handeln.[4]

Behrend verneint diese Präsumption.[5] Sie geht jedoch meines Ermessens aus dem Anfange der ersten soeben zitierten Digesten-

---

[1] L. 11, §§ 2 ff. D. de inst. act. (14, 3): De quo palam proscriptum fuerit, ne cum eo contrahatur, is praepositi loco non habetur: non enim permittendum erit cum institore contrahere, sed, si quis nolit contrahi, prohibeat: ceterum qui praeposuit tenebitur ipsa praepositione. Proscribere palam sic accipimus claris litteris ante tabernam scilicet, vel ante eum locum, in quo negotiatio exercetur, non in loco remoto, sed in evidenti.

Ferner l. cit. § 6: Si in totum prohibuit cum eo contrahi, praepositi loco non habetur.

[2] Vergl. hierüber Thöl, Handelsrecht, 6. Aufl., 1879, I. Bd., S. 216 ff.

[3] L. 1, §§ 13 ff. D. de exerc. act. (14, 1): Si plures sint magistri non divisis officiis, quodcumque cum uno gestum erit, obligabit exercitorem: si divisis, ut alter locando, alter exigendo, pro cuiusque officio obligabitur exercitor. Sed et si sic praeposuit, ut plerumque faciunt, ne alter sine altero quid gerat, qui contraxit cum uno, sibi imputabit.

Ferner l. 11, § 5 D. de instit. act. (14, 3): Condicio autem praepositionis servanda est . . .; si plures habuit institores vel cum omnibus simul contrahi voluit, vel cum uno solo.

[4] Vergl. Seuffert, Archiv für civilistische Praxis, XII, 60.

[5] Behrend, Lehrbuch des Handelsrechts, I. Bd., 1881, S. 368, Anm. 32.

stelle unzweideutig hervor, ebensowenig steht die zweite Stelle damit in Widerspruch.

Es ist hierin die einzige Bestimmung der Pandekten zu finden, welcher man auch für die Kollektivprokura unbedingte Giltigkeit beimessen muß.

§ 4. Abweichend von dem römischen Recht lauten die Normen des österreichischen bürgerlichen Gesetzbuches über mehrere Bevollmächtigte, indem dasselbe gerade die entgegengesetzte Vermutung aufstellt.[1] Der Code civil dagegen stimmt mit den Digesten überein.[2]

Eine Mittelstellung nimmt das preußische allgemeine Landrecht[3] ein, in welchem es heißt:

„Die Handlungen eines von mehreren zu einem Geschäfte bestellten Bevollmächtigten sind allemal gültig, wenn es darauf ankommt, dem Machtgeber Rechte und Vorteile zu erwerben.

Dagegen wird der Machtgeber durch einseitige Handlungen eines der mehreren Bevollmächtigten wider seinen Willen nicht verpflichtet.

Es wäre denn nach dem Inhalte der Vollmacht die Absicht des Machtgebers gewesen, die Ausrichtung des Geschäftes den mehreren Bevollmächtigten zugleich, oder auch jedem von ihnen allein (samt oder sonders) zu übertragen“.

Unstreitig hat diesem Standpunkte gegenüber die römische

---

[1] Österreichisches B. G. B., § 1011: „Wird mehreren Bevollmächtigten zugleich ein Geschäft übertragen, so ist die Mitwirkung aller zur Giltigkeit des Geschäftes und Verpflichtung des Machtgebers notwendig, wenn nicht ausdrücklich einem oder mehreren aus ihnen die volle Befugnis in der Vollmacht erteilt ist“.

[2] Code civil, Art. 1995, spricht nur von der Solidarhaftung mehrerer Bevollmächtigter: Quand il y a plusieurs fondés de pouvoirs ou mandataires établis par le même acte, il n'y a de solidarité entre eux qu'autant qu'elle est exprimée.

Die Frage aber, ob die mehreren Bevollmächtigten nur zusammen oder auch einzeln im Namen des Machtgebers zu handeln berechtigt seien, ist nach Analogie der Vorschriften der Art. 1857, 1858 zu entscheiden (Zachariae, Handbuch des französischen Zivilrechts, 5. Ausgabe, II. Bd., S. 519), in denen es heißt: Lorsque plusieurs associés sont chargés d'administrer, sans que leurs fonctions soient déterminées, ou sans qu'il ait été exprimé que l'un ne pourrait agir sans l'autre, ils peuvent faire chacun séparément tous les actes de cette administration.

S'il a été stipulé que l'un des administrateurs ne pourra rien faire sans l'autre, un seul ne peut, sans une nouvelle convention, agir en l'absence de l'autre, lors même que celui-ci serait dans l'impossibilité actuelle de concourir aux actes d'administration.

[3] Pr. Allg. Landr. I, 13, §§ 206—208.

und von der Kollektivprokura rezipierte Präsumption den Vorzug größerer Zuverlässigkeit.

Es bedarf ferner der Hervorhebung, daß weder das österreichische bürgerliche Gesetzbuch, noch das preußische allgemeine Landrecht an den zitierten Stellen von der Vollmacht zum Betriebe eines ganzen kaufmännischen Geschäfts, sondern beide nur von der Beauftragung zur Ausrichtung einzelner Geschäfte sprechen. Außerdem sind die in §§ 201 ff. Pr. Allg. Landr. über die mehreren Bevollmächtigten getroffenen Bestimmungen für uns schon deshalb ganz bedeutungslos, weil sie lediglich Vorschriften über das innere Verhältnis derselben unter einander und zum Prinzipal enthalten, z. B. über die Verantwortlichkeit für die Bereitwilligkeit zur Ausführung eines Geschäfts oder über die Ersatzforderungen des einzelnen Bevollmächtigten gegen die anderen für Auslagen im Falle der Insolvenz des Machtgebers, während die, bereits von den Römern berücksichtigte, bei jeder Prokura so wesentliche Frage betreffs der Stellung nach außen gutgläubigen Dritten gegenüber gänzlich unberührt gelassen ist. In den §§ 497—545, II, 8 aber, wo von den kaufmännischen Prokuristen — oder Prokuranten, Faktoren, Disponenten, wie man sie früher auch nannte — ex professo gehandelt wird, ist der Fall kollektivischer Vertretung überhaupt nicht vorgesehen.

Hauptteil.

III. Begriff und Erfordernisse der Kollektivprokura.

§ 5. Fassen wir die Resultate des vorigen Abschnittes zusammen, so bleibt uns als einzig sichere Quelle für die Begriffsbestimmung der Kollektivprokura nur das allgemeine deutsche Handelsgesetzbuch selbst übrig, welches dieselbe im 5. Titel des 2. Buches, der von den Prokuristen und Handlungsbevollmächtigten handelt, zweimal erwähnt,[1] im Art. 41, Abs. 3, wo es die Statthaftigkeit der Kollektivprokura mit den Worten ausspricht:

„Die Prokura kann mehreren Personen gemeinschaftlich verliehen werden (Kollektivprokura)“,

und in Art. 44, Abs. 2:

---

[1] Der preuß. Entwurf enthält keine Bestimmung über Kollektivprok. Seitens der Kommission zur Beratung eines allgem. deutsch. H. G. B. wurde in 1. Lesung beschlossen, die Statthaftigkeit derselben auszusprechen, in 2. und 3. Lesung die gegenwärtige Fassung festgestellt. Cfr.: 1. Les. Art. 41 und 44, 2. Les. Art. 40 und 43, 3. Les. Art. 41 und 44, Protokolle Seite 88, 949 ff., 4630.

„Bei einer Kollektivprokura hat jeder Prokurist der mit diesem Zusatze versehenen Firmazeichnung seinen Namen beizufügen".

Demnach ist die Kollektivprokura als eine Prokura anzusehen, deren Träger nicht von einer Einzelperson gebildet wird, sondern von einer Mehrheit von Personen, welche gemäß dem Willen des Prinzipals nur durch ihre gemeinschaftlichen Handlungen die gleichen rechtlichen Wirkungen zu erzeugen vermögen, wie der Einzelprokurist durch selbständiges Handeln.

v. Hahn[1] sagt:

„Die Kollektivprokura ist nicht so aufzufassen, als ob sie aus mehreren Prokuren bestehe, deren jede für sich beschränkt sei, die sich aber gegenseitig ergänzten, sondern als eine einige".

Man darf nun in der Kollektivprokura nicht etwa die rechtliche Natur einer juristischen Person, communio incidens, bezw. einer anderen vermögens- oder überhaupt rechtsfähigen Gemeinschaft sehen, vielmehr, wie aus obiger Definition erhellt, lediglich die Befugnis mehrerer, den Prinzipal gemeinsam im Umfange der Prokura zu berechtigen und zu verpflichten.

Wenn wir hierin das einzige der Kollektivprokura zukommende Attribut erkennen, so ergiebt sich zugleich, daß nicht einmal der Besitz der juristischen Handlungsfähigkeit ein wesentliches Erfordernis für einen Kollektivprokuristen bildet;[2] dieselbe ist nämlich nur die Voraussetzung für die Begründung der den Prokuristen selbst treffenden Verpflichtungen, nicht schon für die Entstehung einer Verbindlichkeit des Prinzipals aus dessen Handlungen.

Dieser Satz gilt im übrigen nicht sowohl für Kollektivprokuristen, als für Prokuristen überhaupt, und es erscheint vielleicht selbstverständlich, daß sich die Fähigkeiten, die eine oder die andere der gedachten Stellungen zu bekleiden, decken; wir werden indessen später einer Ausnahme von dieser Regel begegnen.[3]

§ 6. Es kann nun mehreren Personen auch in der Absicht Prokura verliehen werden, daß jede selbständig zu rechtsverbindlichem Handeln befugt sein soll; aber dann liegt keine Kollektivprokura im Sinne des Gesetzes vor, mit anderen Worten: im Falle der Kollektivprokura ist der einzelne vom selbständigen Handeln ausgeschlossen. Wollte man dies bestreiten, so wäre das Wort „gemeinschaftlich" in Art. 41, Abs. 3 ganz überflüssig. Die Möglichkeit, mehreren Personen volle Prokura zu erteilen, versteht sich von selbst und brauchte daher vom Gesetzgeber nicht ausdrücklich

---

[1] v. Hahn, Kommentar zum H.G.B., 3. Aufl., 1877, Art. 41, Abs. 3.
[2] Vergl. Behrend, a. a. O., § 52, S. 366.
[3] Vergl. unten S. 30.

hervorgehoben zu werden; die gedachte Stelle muß demgemäß einen anderen, nämlich den oben ausgeführten Sinn haben. Sodann gehen alle, die Wirkung einer Kollektivprokura betreffenden Vorschläge der Kommission zur Beratung eines allgemeinen deutschen Handelsgesetzbuches[1] von der Voraussetzung aus, daß keiner der Kollektivprokuristen für sich allein Geschäfte vornehmen, bezw. den Prinzipal verpflichten könne, und derselbe Gesichtspunkt liegt auch der Vorschrift des Art. 44, Abs. 2 zu Grunde; denn wozu brauchte jeder Prokurist der Firmazeichnung seinen Namen beizufügen, wenn einer allein den Prinzipal schon giltig verpflichten könnte?

§ 7. Man hat aber diese offenbar unrichtige Ansicht deswegen aufgestellt,[2] weil man sonst mit Art. 43 H. G. B. in Widerspruch zu geraten meinte, welcher bestimmt, daß eine Beschränkung des Umfanges der Prokura dritten Personen gegenüber keine rechtliche Wirkung haben soll. Es fragt sich also, ob in unserem Falle wirklich eine solche unzulässige Beschränkung vorliegt. Dies ist durchaus zu verneinen. Beschränkt wird zwar die Prokura ohne Zweifel, sofern sie mehreren gemeinschaftlich übertragen wird, indem diese ohne Willensübereinstimmung keine rechtsverbindlichen Handlungen vornehmen können; aber eine derartige Beschränkung ist nur subjektiv, nicht objektiv, d. h. auf den Umfang bezüglich, was allerdings nach Art. 43 verboten wäre.

Die Nürnberger Protokolle[3] rechtfertigen die in Art. 43 beschlossene Beschränkung damit: „daß die Zulassung von Beschränkungen der Prokura auf Umstände, Geschäftszweige u. s. w. den dritten Kontrahenten in der Regel zu höchst mißlichen Beweisführungen über das Dasein der Voraussetzungen für die Giltigkeit einer Prokura in jedem konkreten Falle nötige, und daß durch Zulassung der Prokura, die auf gewisse Geschäftszweige eingeschränkt wäre, die erheblichsten Verwirrungen unbeseitigt blieben“.

Das Gesetz vermeidet es indessen sorgfältig, irgend etwas zu sagen, was darauf hindeutete, daß die Ausübung der Befugnisse des Prokuristen von der Zustimmung einer zweiten ihm koordinierten Person nicht abhängig gemacht werden dürfe. Im Gegenteil, es findet sogar Art. 43, wie überhaupt alle von den Prokuristen handelnden Artikel auf die Kollektivprokura als auf ein, dem Begriffe nach in Form einer reinen Prokura sich darstellendes Vollmachtsverhältnis unverkürzte Anwendung.

---

[1] In den Protokollen S. 950, siehe unten S. 43; vergl. auch Protok. S. 174, unten S. 15 ff.

[2] Vergl. Busch, Archiv für Theorie und Praxis des Handelsrechts, Bd. I, S. 48 ff.

[3] S. 86 der Protokolle.

Wollten wir nun in Übereinstimmung mit den Kommentatoren Puchelt,[1] Gareis-Fuchsberger[2] und Staub[3] in der gesetzlichen Zulassung der Kollektivprokura eine erhebliche Ausnahme von Art. 43, Abs. 1 sehen, so würden wir schließlich zu dem Resultate gelangen, daß hier ein Gesetz bei einem ihm widersprechenden Falle zur Anwendung kommt.

Ähnlich liegen die in Art. 86, Ziff. 4, und 116 H. G. B. geregelten Verhältnisse bei der offenen Handelsgesellschaft. Art. 86, Ziff. 4 setzt die Zulässigkeit kollektivischer Vertretung der Gesellschafter voraus und bestimmt für diesen Fall ausdrücklich die Ausschließung des einzelnen von rechtsverbindlichen Handlungen. Dennoch ist nach Art. 116 eine Beschränkung des Umfanges der Befugnisse eines Gesellschafters ebenso verboten, wie in Art. 43 für die Prokuristen.

Analog lauten die Vorschriften der Art. 229, Abs. 1 und 231, Abs. 2 für Aktiengesellschaften und die §§ 35, Abs. 2 und 37, Abs. 2 des Gesetzes, betreffend die Gesellschaften mit beschränkter Haftung, mit dem Unterschiede, daß in den beiden letzten Fällen die Kollektivvertretung sogar präsumiert wird. Sollten sich nun in allen diesen, vergleichsweise herangezogenen Vorschriften ebenfalls unvereinbare Widersprüche finden? Meines Ermessens weisen sie vielmehr unverkennbar auf die Richtigkeit der hier vertretenen Anschauung hin. Daß diese Auffassung bei der Beratung des H. G. B. maßgebend war, ergiebt auch S. 174 der Nürnberger Protokolle, indem es daselbst heißt:

„Es wurde mehrseitig hervorgehoben, daß jeder Gesellschafter gegen Dritte als der Prokuraführer, der alter ego der übrigen Gesellschafter erscheine. Wenn nun bei dem Prokuristen jede Beschränkung seiner Vollmacht als unstatthaft bezeichnet worden, so müsse Gleiches in noch höherem Grade bei dem firmierenden Gesellschafter der Fall sein, der sogar noch ein Beteiligter der Gesellschaft sei. Es könne deshalb zwar der Ausschluß eines Gesellschafters von dem Rechte, zu firmieren, sowie die Bestimmung zugelassen werden, daß mehrere Gesellschafter nur gemeinschaftlich zur Zeichnung der Firma berechtigt sein sollten; denn der letztere Fall sei ähnlich einer bereits als statthaft erklärten Kollektivprokura, er führe keine Beschränkung der Prokura selbst ein, sondern bestelle nur als Träger einer einzigen Prokura mehrere Personen; aber es sei ganz unzulässig, Beschränkungen der Prokura

[1] Puchelt, Kommentar zum H. G. B., 4. Aufl., von Förtsch, 1892, S. 102.
[2] Gareis-Fuchsberger, Kommentar zum H. G. B., 1891, S. 143, Anm. 22.
[3] Staub, Kommentar zum H. G. B., 1893, § 6 der Erläuterungen zu Art. 41.

der Sache nach zu statuieren . . ., und wurde beschlossen, ohne daß es einer besonderen Abstimmung bedurfte, daß zwar der Ausschluß eines Gesellschafters von der Befugnis, zu firmieren, zugelassen, aber jede Beschränkung der Befugnis, zu firmieren, ihrem Inhalte nach zu untersagen sei.“

Ob in der Praxis ungeachtet unserer bisherigen Ergebnisse unter besonderen Umständen schon die Handlung eines einzigen Kollektivprokuristen ausnahmsweise genügen kann, um den Prinzipal haftbar zu machen, bleibt späterer Erörterung vorbehalten. Hier kam es uns lediglich darauf an, unter Hinweis auf den vielfach übersehenen Unterschied zwischen subjektiver und objektiver Beschränkung der Prokura, gegenüber der Einzelvertretung mehrerer Prokuristen die Kollektivprokura begrifflich zu fixieren und ihre Zulässigkeit zu begründen, d. h. die Ansicht zu widerlegen, daß hier eine Ausnahme von Art. 43 H. G. B. oder ein Widerspruch gegen denselben vorliege. Wir haben somit die Richtigkeit der im § 5 gegebenen Definition erwiesen, indem wir den Schluß zogen, es charakterisiere das Wesen der Kollektivprokura, daß der Prinzipal seinem Willen entsprechend regelmäßig nur durch die übereinstimmenden Willenserklärungen aller damit Betrauten verpflichtet werde, woraus wiederum folgt, daß der Wille des Prinzipals, ‚ne alter sine altero quid gerat‘, ohne ausdrücklicher Erklärung zu bedürfen, allein schon in der Erteilung einer Kollektivprokura zu erblicken ist.

§ 8. Ob nun, wenn mehrere Personen als Prokuraführer eines Geschäfts bezeichnet werden, jeder von ihnen selbständig handeln darf, oder nicht, ist im einzelnen Falle zu untersuchen.

Die Vermutung spricht im Zweifel gegen das Vorhandensein einer Kollektivprokura.[1]

Man hat diesen Satz gewöhnlich daraus herleiten wollen, daß die Kollektivprokura eine Ausnahme von Art. 43 H. G. B. bildet.[2] Dies ist jedoch, wie wir vorhin gesehen haben, unrichtig. Wenn also die Kollektivprokura gar nicht gegen Art. 43 verstößt, vielmehr die hierin gegebenen Bestimmungen für dieselbe unveränderte Geltung haben, so kann man aus diesem auch keine Präsumption gegen die Kollektivprokura aufstellen. Nichtsdestoweniger behält die Vermutung aus anderen Gründen ihre Kraft. Da nämlich das Gesetz die Kollektivprokura ausdrücklich hervorhebt, den Fall mehrerer Einzelprokuren aber übergeht, so ist letzterer als das

[1] Vergl. oben S. 10.

[2] So unter anderen Staub, a. a. O., Erläuterung zu Art. 41, S. 58, und Puchelt, a. a. O., Anm. 11, Abs. 2 zu Art. 41.

gewöhnliche Verhältnis gekennzeichnet, welches überhaupt keiner Erwähnung bedarf, und deshalb als der Wille des Prinzipals überall zu unterstellen, wo nicht gerade das Gegenteil deutlich ausgesprochen ist. Wird doch auch die Anmeldung und Registrierung der Kollektivprokura als solcher erfordert; wozu diente aber eine derartige Vorschrift, wenn schon ohne dieselbe das Vorhandensein einer Kollektivprokura angenommen werden müßte?

Um einem Mißverständnisse vorzubeugen, sei hier erwähnt, daß Dahn, wenn er in seinem „Deutschen Rechtsbuche“ bei Abhandlung des Erbrechtes[1] von einer „präsumptiven Kollektivprokura mehrerer Testamentsvollstrecker“ spricht, dies offenbar nur bildlich gemeint haben kann, um durch einen Vergleich recht anschaulich auszudrücken, daß mehrere Testamentsvollstrecker im Zweifel nur insgesamt handeln dürfen. Denn von einer eigentlichen Kollektivprokura im handelsrechtlichen Sinne kann an der zitierten Stelle in keinem Falle die Rede sein.

§ 9. Prokura wird mehreren Personen zusammen häufig in der Weise verliehen, daß immer eine bestimmte Anzahl derselben, vielleicht je 2 oder 3 die Firma giltig zeichnen sollen. Es sind dann mehrere Kollektivprokuren vorhanden, nur daß man, anstatt z. B. zu sagen, der A. hat dem B. und C., dem B. und D., dem C. und D. Kollektivprokura erteilt, sich der Kürze halber so ausdrückt: der A. hat dem B., C. und D. Kollektivprokura verliehen mit der Maßgabe, daß je 2 derselben zu gemeinschaftlichem Handeln ermächtigt sind.

Natürlich können neben den Kollektivprokuren für andere Personen Einzelprokuren bestellt werden, oder es können verschiedene Arten von Kollektivprokuren neben einander bestehen, z. B. in der Weise, daß von 5 Personen eine bestimmte, vielleicht der A., schon mit je einem der übrigen gemeinsam zu rechtsverbindlichen Handlungen befugt ist, diese unter sich aber nur in Kombinationen von je dreien giltig zu zeichnen vermögen.

Die Anzahl der erteilten Kollektiprokuren ist in solchen Fällen eine genau begrenzte, und es lassen sich die sämtlichen möglichen Kombinationsformen mit Leichtigkeit ermitteln. Bestimmtheit ist aber allerdings ein Erfordernis der Kollektivprokura. Dem widerspricht nicht die Vereinbarung, daß die Firma von „mindestens je zweien“ giltig p. p. (per procura[m]) gezeichnet werden kann. Unzulässig erscheint dagegen vielen die zu allgemein gehaltene Klausel, daß immer „einige“ der Kollektivprokuristen zusammen handeln

[1] Dahn, Deutsches Rechtsbuch, 1876, S. 258.

sollen.[1] Man könnte jedoch eine solche Fassung allenfalls gelten lassen, sofern man „einige“ als gleichbedeutend mit „mindestens zwei“ ansieht, wiewohl nach kaufmännischer Auffassung eine solche Inkorrektheit keine nachsichtige Auslegung verdient.

Wäre aber etwa von „einer größeren Anzahl“ die Rede, so läge unzweifelhaft eine Unbestimmtheit vor. Wird es endlich im unklaren gelassen, ob Kollektivprokura oder mehrere Einzelprokuren erteilt sind, wie z. B. bei dem Ausdrucke „beliebige Anzahl“, so setzt die Präsumption ein, welche, wie wir gesehen haben, gegen die Kollektivprokura spricht.

IV. Besondere Arten der Kollektivprokura bei Handelsgesellschaften.

§ 10. Nachdem wir uns nunmehr über Begriff und Erfordernisse der Kollektivprokura klar geworden sind, wollen wir im folgenden einige besondere, nur bei Handelsgesellschaften in Betracht kommende Arten derselben näher ins Auge fassen, über deren rechtliche Natur und Voraussetzungen die Meinungen heutzutage noch sehr geteilt sind. Es ist nämlich bald nach Einführung der Kollektivprokura die Frage aufgetaucht, ob es mit dem Begriff derselben vereinbar ist, einen Prokuristen bei allen seinen Handlungen an die Mitwirkung nicht eines zweiten Prokuristen, sondern eines offenen Handelsgesellschafters, eines Komplementärs einer Kommandit- oder Kommandit-Aktiengesellschaft, des Vorstandsmitgliedes einer Aktiengesellschaft, oder endlich eines Geschäftsführers einer Gesellschaft mit beschränkter Haftung zu binden.

Früher kamen in gleicher Hinsicht noch die Vorstandsmitglieder eingetragener Genossenschaften in Betracht. Das neue Genossenschaftsgesetz vom 1. Mai 1889 verbietet aber in § 40 ausdrücklich die Bestellung von Prokuristen (und Generalhandlungsbevollmächtigten).[2]

Was nun das innere Verhältnis in solchen Fällen anbelangt, so ist eine derartige Rechtsbildung ohne weiteres statthaft; es käme also lediglich darauf an, ob man derselben auch Dritten gegenüber Giltigkeit beimessen muß.

---

[1] Vergl. Anschütz-v. Völderndorff, Kommentar zum H. G. B., Anm. zu Art. 41.

[2] Im Gareis-Fuchsbergerschen Kommentar zum H. G. B. von 1891 scheint dieses Verbot der Bestellung von Prokuristen in den Noten zu Art. 41 übersehen worden zu sein.

Eine Kollektivvertretung aller oder einiger Gesellschafter, Vorstandsmitglieder, bezw. Geschäftsführer unter einander ist, wie bereits auf S. 15 oben hervorgehoben wurde, bei den genannten Gesellschaften durchaus zulässig[1] und kann teils im Gesellschaftsvertrage angeordnet werden, teils ist sie als Dispositivnorm vom Gesetz selbst vorgeschrieben. Diese Einrichtung verdankt ihre Entstehung einem ähnlichen praktischen Bedürfnis, wie wir es in der Einleitung von der Kollektivprokura dargethan haben. Sie gewährt der Gesellschaft einen heilsamen Schutz gegen Unbedachtsamkeiten eines einzelnen Vertreters und diesem wiederum gegen übereiltes Handeln seiner Genossen, während sie die Nachteile und das Kränkende des gänzlichen Ausschlusses von der Geschäftsführung vermeidet. Von diesem Gesichtspunkte aus muß es nun höchst praktisch erscheinen, einen gesetzlichen Gesellschaftsvertreter im Behinderungsfalle zur Vermeidung des Aufschubs dringender Geschäfte durch einen Prokuristen ersetzen zu können, soweit dieser dem Umfange seiner Befugnisse nach hierzu fähig ist, oder umgekehrt für einen Kollektivprokuristen nötigenfalls einen vertretungsberechtigten Gesellschafter, Geschäftsführer u. s. w. eintreten zu lassen.

§ 11. a. Das Handelsgesetzbuch erwähnt diesen Fall nicht. Allerdings waren solche Vertretungsformen schon vor Einführung des Handelsgesetzbuches in Preußen thatsächlich in Übung. Indessen bilden dieselben eine so große Singularität,[2] daß sie dem Gesetzgeber s. Z. aller Wahrscheinlichkeit nach nicht bekannt gewesen sein dürften, was andererseits auch aus ihrer Nichterwähnung in den Nürnberger Protokollen hervorgeht.

Das Stillschweigen des Gesetzes gestattet demnach an und für sich einen Schluß weder für, noch wider die Statthaftigkeit der Bestellung zum vertretenden Geschäftsorgane in der oben gedachten Weise.

Dagegen spricht der Geist und Zweck besonders des Handelsgesetzbuches dafür, hervortretenden Verkehrsbedürfnissen in allen, nicht ausdrücklich ausgeschlossenen Formen Genüge zu verschaffen, und es liefe ihm ganz zuwider, die Zulässigkeit einer in der Praxis weit verbreiteten Vertretungsform einem Rigorismus des Systems zu opfern, der jede Entwickelung und freie Bewegung zu ertöten ge-

---

[1] Vergl. dazu H. G. B., Art. 86, Ziff. 4, 229, Abs. 1 und Reichsges., betr. die Gesellschaften mit beschränkter Haftung vom 20. April 1892, § 35, Abs. 2.

[2] Es sind aus jener Zeit im ganzen 2 Berliner Kommanditaktiengesellschaften bekannt geworden, die in ihren Statuten Prokuristen und Komplementären gemeinschaftliche Firmenzeichnung gestatten, nämlich die „Diskontogesellschaft" und „Berliner Handelsgesellschaft". Vergl. Goldschmidts Zeitschrift für Handelsrecht, Bd. XIV, S. 443 ff.

eignet wäre. Hatte doch auch das Handelsgesetzbuch im 3. Titel des II. Buches, wo es von der Vertretung der Aktiengesellschaft handelt (3. Abschnitt), bis zum Erlaß der Novelle (vom 18. Juli 1884) die Prokuristen mit keinem Worte erwähnt, und dessenungeachtet entschied sich nach einigem Zweifeln und Schwanken Theorie und Praxis einstimmig für Zulässigkeit einer Prokuraerteilung durch den Vorstand der Aktiengesellschaft.

Wenn nun das Handelsgesetzbuch bei der Kollektivvertretung nur von Zeichnung durch mehrere Prokuristen, mehrere Gesellschafter u. s. w. spricht, so dürfte der Grund hierfür darin zu finden sein, daß der Gesetzgeber nur die gewöhnlichsten und einfachsten Formen, in welchen die Kollektivzeichnung in die Erscheinung tritt, vor Augen hatte. Der Gesetzgeber konnte unmöglich den Versuch machen wollen, alle erdenklichen Formen der Kollektivvertretung im voraus festzustellen und zu normieren, um so der freien Entwickelung auf dem Gebiete des Handelsrechts Schranken zu setzen. Ihm kam es offenbar nur darauf an, die leitenden Grundprinzipien in ihrer Anwendung auf die einfachsten Gestaltungen auszusprechen. Auch das Interesse und die Sicherheit des Publikums wird durch eine Bestimmung nicht gefährdet, wonach ein Prokurist und ein Gesellschafter u. s. w. zu gemeinschaftlicher Firmenzeichnung befugt sind. In dieser Hinsicht scheint Genüge gethan zu sein durch Aufstellung einesteils des schon mehrfach erwähnten Grundsatzes sachlicher oder objektiver Unbeschränkbarkeit der Vertretungsbefugnisse, andernteils des Grundsatzes der Publizität in Bezug auf die zur Vertretung der Firma berufenen Personen. Ein legislatorischer Grund, der den Gesetzgeber hätte veranlassen können, über die Grenzen dieses Bedürfnisses hinaus die Gesellschaft selbst in der Zusammensetzung ihrer Vertretungsorgane zu beschränken, ist nicht zu finden und auch in der That nicht vorhanden. Hingegen läßt sich aus den speziellen Bestimmungen des Handelsgesetzbuches nachweisen, daß der Gesetzgeber in Hinsicht auf die Gestaltung der Repräsentation der Privatautonomie freien Spielraum gewähren wollte für die verschiedensten Modifikationen und Komplikationen, zu denen der einzelne je nach den für ihn am dienlichsten erscheinenden, wirtschaftlichen Zweckmäßigkeitsrücksichten sich geneigt finden könnte:

Der Einzelkaufmann, wie die Handelsgesellschaft ist befugt, ihre Vertretung beliebig zu ordnen. Beide sind berechtigt, einzelne und Kollektiv-Prokuristen zu bestellen, in deren Auswahl ihnen keine Schranke gesetzt ist. Sie können also Personen jeden Alters, Standes und Geschlechts Prokura erteilen. Sie sind bei dieser Wahl nicht an bestimmte Kreise oder Kategorien gebunden. Handlungsgehilfen, wie auch selbständigen, nicht zum Geschäftspersonal gehörigen Leuten — in der Regel wird allerdings ein Dienstverhältnis vorliegen —, salarierten, wie unsalarierten Personen kann Prokura verliehen werden.

Ebenso hat das Gesetzbuch die Vertretung der Handelsgesellschaften durch gesetzliche Bestimmungen zwar geregelt, denselben aber nur subsidiäre Geltung beigelegt. Es kann daher die gesetzlich angeordnete Vertretung durch Vertrag aufgehoben und anderweitig reguliert werden. Es können namentlich im Wege der Privatautonomie statutenmäßig einzelne Gesellschafter von der Repräsentation ausgeschlossen und diese auf einen oder die anderen übertragen werden; es darf sogar nach der Ansicht vieler die Ausschließung sämtlicher Sozien einer offenen Handelsgesellschaft von der Geschäftsführung festgesetzt und dieselbe in die Hand eines oder mehrerer Prokuristen gelegt werden.

Wenn also, wie sich aus vorstehender Schilderung ergiebt, die Bestimmungen des Handelsgesetzbuches bezüglich der Repräsentation unbeschadet der bestehenden Normen über sachliche Unbeschränkbarkeit und über Öffentlichkeit der vorgeschriebenen Registrierungen auf dem Prinzip der freien Wahl und freien Gestaltung beruhen, wenn ferner das Handelsgesetzbuch, indem es das Institut der Kollektivprokura und Kollektivvertretung aufnahm und abweichend vom gemeinen Rechte selbständig weiterbildete, die Zulässigkeit einer solchen subjektiven Beschränkung der Vertretungsbefugnis ausdrücklich anerkannt hat, so muß als notwendige Konsequenz hieraus auch die Möglichkeit einer Verschmelzung beider Institute in dem Sinne zugestanden werden, daß die alleinige Vertretungsbefugnis sowohl für den Prokuristen als für den anderen Teil ganz ausgeschlossen und beiden gemeinsam eine volle Vertretungsbefugnis gewährt wird.

b. Zu dem gleichen Resultat dürften wir auch im Wege des Gewohnheitsrechtes gelangen. Denn als solches, oder als Usance stellt sich die häufige, langjährige, gleichartige Verwendung der gedachten Art von Vertretung wohl zweifelsohne dar. Dabei brauchten wir nicht einmal die vielumstrittene Frage nach der derogierenden Kraft des Gewohnheitsrechtes und insbesondere der Handelsgebräuche zu berühren, nachdem wir im vorigen Abschnitt dieses Paragraphen dargethan haben, daß es sich hier nicht um einen Widerspruch, sondern um eine Ergänzung zu den bestehenden gesetzlichen Vorschriften handelt.

§ 12. Hiernach wäre die Statthaftigkeit solcher Repräsentationsform bei Handelsgesellschaften allerdings als erwiesen anzunehmen.

Demnächst würde nun die Frage begegnen, inwieweit die von einem derartigen Vertretungsorgane ausgehenden Akte rechtswirksam sind, ohne gegen thatsächliche Gesetzesbestimmungen zu verstoßen, mit anderen Worten, welche rechtliche Bedeutung ihm innewohnt, und ob es allenfalls noch unter den Begriff der Kollektivprokura in weiterem Sinne zu subsumieren wäre. Diese Punkte sind streng auseinander zu halten, und es erscheint durchaus falsch, aus der oben versuchten Argumentation unmittelbar schließen zu wollen, durch die einem Prokuristen und einem Gesellschafter, bezw. Vorstandsmitgliede u. s. w. gemeinsam erteilte Vertretungsbefugnis werde eine Kollektivprokura im eigentlichen Sinne geschaffen.[1]

Viel einfacher dürfte sich aber unsere ganze Untersuchung gestalten, wenn wir schon in erster Linie den Nachweis zu erbringen vermöchten, daß eine Verbindung der erwähnten Art dem Begriff der Kollektivprokura genau entspricht, was den Beweis ihrer Statthaftigkeit bereits involviert, und später zum Gegenstande unserer Untersuchung die Frage machten, ob dieselbe auch mit der Stellung eines Gesellschafters u. s. w. ohne weiteres vereinbar ist. Deswegen würde die obige Beweisführung noch keineswegs ihre Bedeutung verlieren, vielmehr eine auf ganz verschiedenem Wege gewonnene, nicht zu unterschätzende Erhärtung des unserer Ansicht immanenten Zulässigkeitsbeweises für die in Rede stehende Repräsentationsform ergeben, von besonderer Wichtigkeit aber für diejenigen sein, welche sich, wie unter anderen Puchelt,[2] unserer Auffassung nicht anzuschließen vermögen, sondern in einer Bestimmung fraglicher Art eine neue, der Kollektivprokura zwar verwandte, mit ihr jedoch nicht identische Rechtsbildung sehen zu müssen glauben.

§ 13. a. Was den ersten Punkt anbetrifft, so entspricht die Festsetzung, daß ein Prokurist an die Mitwirkung eines Gesellschafters gebunden sein soll, unmittelbar den sämtlichen Voraussetzungen einer Kollektivprokura. Es ist nämlich „mehreren gemeinschaftlich Prokura“ verliehen. Das Gesetz redet in Art. 41, Abs. 3 H. G. B. ganz allgemein von „mehreren Personen“, ohne das Erfordernis bestimmter Eigenschaften für diese aufzustellen, bezw. Leute von gewisser geschäftlicher Stellung auszuschließen. Es erübrigt sich demgemäß, in längerer Auseinandersetzung, wie es bisweilen geschieht,[3] zu erweisen, daß gleiche geschäftliche Stellung für Kollektivprokuristen nicht verlangt wird. Damit wird

[1] Dies geschieht, wenn auch ein wenig verdeckt, in der Zeitschrift für das Notariat in Rheinpreußen, 17. Jahrgang, 1872, S. 116 ff.

[2] Puchelt, a. a. O., Anm. 2 zu Art. 43.

[3] Vergl. u. a. Zeitschrift für das Notariat in Rheinpreußen, a. a. O.

dem Gesetz nur eine, ihm fremde Voraussetzung untergeschoben, welche man selbst später als fälschlich zurückzuweisen genötigt ist.

Ist es also gestattet und üblich, mehrere Bevollmächtigte, welche nur gemeinschaftlich die Firma zu vertreten berechtigt sind, als Kollektivprokuristen zu bezeichnen, so läßt sich nicht einsehen, warum diese Bezeichnung nicht auch dann zutreffen soll, wenn die Vertretung der Firma von einem dieser Bevollmächtigten in Gemeinschaft mit einem der Prinzipale ausgeübt wird. Etwas Ungewöhnliches kann man hierin höchstens insofern erblicken, als der Kommission zur Beratung des Handelsgesetzbuches bei Beschließung des Art. 41, Abs. 3 voraussichtlich nicht vorgeschwebt hat, daß derselbe auch diesen Fall in sich begreife; eine wesentlich neue Vertretungsform wird auf diese Weise jedoch ebensowenig geschaffen, wie wenn z. B. ein Kaufmann seiner Ehefrau zusammen mit einem Handlungsgehilfen Kollektivprokura erteilte, welche bekanntlich beide zur Ausübung der Prokurabefugnisse fähig sind. Auch dürfte die geschäftliche Stellung im letzten Falle kaum eine geringere Ungleichheit aufweisen, wie in ersterem.

In concreto aber, d. h. bei jeder einzelnen gemeinsamen Handlung gelten zwei Kollektivprokuristen allerdings als koordiniert, sofern es auf die Mitwirkung beider gleichmäßig ankommt, und keinem ein Übergewicht über den anderen zugeschrieben wird.

Wollte man nun in das Gesetz hineinlegen, Kollektivprokura dürfe nur solchen Personen erteilt werden, welche auch Vollprokuristen sein können, so hieße das mit einer Willkür vorgehen, die sich um die charakteristischen Unterscheidungsmerkmale beider Institute gar nicht bekümmert; wir werden später Gelegenheit finden, den Irrtum solcher Interpretation aufzudecken.[1] Das eine nur sei schon vorweg erwähnt, daß die Frage, von deren Beantwortung dann die Zulässigkeit der in Rede stehenden Art von Kollektivprokura abhängig wäre, ob nämlich offene Gesellschafter . . . unter Umständen volle Prokura erhalten können, keineswegs unbestritten verneint wird.[2]

Den Prokuristen aber von derartiger Vertretungsbefugnis um deswillen auszunehmen, weil er Vertreter der Gesellschaft, mithin jedes Gesellschafters ist, im vorliegenden Falle jedoch nicht für, sondern neben dem Prinzipal handeln würde, ist unbegründet:

Korrekter Ausdrucksweise zufolge ist ein geschäftsführender

---

[1] Vergl. unten S. 30.

[2] Vergl. hierüber unten S. 28 ff., und insbesondere Anm. 2 auf S. 29. An den dort zitierten Stellen spricht Puchelt von Prokura schlechtweg, also in erster Reihe von Einzelprokura.

Gesellschafter nicht der, d. h. der alleinige Prinzipal, vielmehr, wie auch Seite 174 der Protokolle ergiebt,[1] gegen Dritte bloß als der „Prokuraführer" der anderen anzusehen. Und ebenso kommt der Prokurist, insoweit er neben einem Gesellschafter zeichnet, nur als der Vertreter der übrigen in Betracht.

Genau dasselbe wäre zu erwidern, wenn jemand gemäß der Fassung des Art. 41 streng dabei beharren wollte, daß unter dem Prokuristen offenbar eine von dem Prinzipale verschiedene Persönlichkeit verstanden werden müsse und dieser unmöglich sich selbst vertreten könne.

So erscheinen denn schließlich die Vertretungsbefugnisse der Gesellschafter u. s. w. sowie der Prokuristen im wesentlichen lediglich als Anwendungen desselben Begriffs, nämlich einer Vollmacht von gesetzlich normiertem, unbeschränkbarem Umfange. Dritten gegenüber sind beide vollberechtigte Organe der Gesellschaft und hinsichtlich der Vertretungsbefugnis, wenn auch nicht vollkommen gleich, so doch durchaus gleichartig.[2]

Das Argument übrigens, das man gegen die Zulässigkeit der fraglichen Repräsentationsform aus der Ungleichheit der Geschäftsstellung herzuleiten versucht sein könnte, dürfte nur dann von Bedeutung sein, wenn daraus eine unstatthafte Beschränkung der Prokura resultieren würde. Dies ist indessen zu verneinen. Die Befugnisse der Inhaber einer Firma, des Vorstandes einer Aktiengesellschaft u. s. w. weichen zwar ihrem Umfange nach in einigen Punkten von denen eines Prokuristen ab — Art. 42, Abs. 2 und Art. 53 H. G. B. —, aber in der Weise, daß sie noch ausgedehnter sind, als diese; hier greift also vielmehr der Rechtssatz Platz: Non debet cui plus licet, quod minus est, non licere. Art. 43 wird jedoch überhaupt nicht berührt. Im Gegenteil, statt einer objektiven Beschränkung tritt sogar eine subjektive Erweiterung ein, wenn einem Prokuristen die Möglichkeit gegeben ist, außer mit einem zweiten Prokuristen auch mit einem seiner Prinzipale gemeinschaftlich zu handeln.

b. Was aber die formelle Seite, die Zeichnung anbelangt, so dürften sich in dieser Beziehung, wie wir weiter unten in eingehender Erörterung sehen werden,[3] höchstens scheinbare Schwierigkeiten ergeben. Die Fassung des Art. 44, Abs. 2 H. G. B. ist allerdings für die Unterschrift eines Gesellschafters u. s. w. nicht gerade zugeschnitten. Indessen sei hier nur darauf hingewiesen, daß wohl

---

[1] Vergl. oben S. 15 a. E.
[2] Vergl. Busch, Archiv, I, S. 148.
[3] Vergl. S. 49.

selbstverständlich der die Prokura andeutende Zusatz nur vonnöten ist, um das Mindestmaß der Befugnisse auszudrücken, dagegen überall dort wegfallen darf, wo der bloße Name schon mit einer übergeordneten Geschäftsstellung zugleich eine umfangreichere Vertretungsbefugnis verrät; daß somit die für Zeichnung, Eintragung und Löschung der Prokura geltenden gesetzlichen Formvorschriften auch in diesem Falle mit geringfügigen, in der Natur der Sache liegenden Abweichungen, passende Anwendung finden. Ganz abgesehen hiervon würden aber die eben erwähnten Bestimmungen, sofern sie ihrem Charakter nach bloße Ordnungsmaßregeln darstellen,[1] keinesfalls imstande sein, die Zulässigkeit der in Rede stehenden Kollektivprokura zu beeinträchtigen.

Man hat nun noch den Einwand erhoben, die Bestimmung, derzufolge die Giltigkeit der Handlungen eines Prokuristen von dem Beitritte eines Gesellschafters u. s. w. abhängig gemacht werde, führe irre, zumal sie auf eine willkürliche Vermischung verschiedener Rechtsinstitute hinauslaufe: Es sei Gefahr vorhanden, daß in solchen Fällen das mitzeichnende Vorstandsmitglied u. s. w. für einen bloß geschäftsführenden Beamten angesehen oder umgekehrt die Zeichnung des neuentstandenen Organs als Vorstandszeichnung aufgefaßt werde,[2] kurz es sei im dunkeln gelassen, welches der beiden Elemente die vorwiegende Bedeutung habe. Dem gegenüber ist hervorzuheben, daß eine derartige Unsicherheit bei der gesetzlichen Publizität aller Verhältnisse in Wirklichkeit nicht besteht. Denn daß die Prokura, was den Umfang der Befugnisse angeht, das maßgebende bleibt für die in der angegebenen Weise zeichnenden Personen, daß dieselben also nicht etwa die vollen Rechte der vertretungsberechtigten Gesellschafter u. s. w. ausüben dürfen, geht für jeden Dritten aus der Eintragung ins Handelsregister hervor, wonach der betreffende Gesellschafter u. s. w. nicht für sich allein, sondern nur in Verbindung mit einem anderen Gesellschafter u. s. w. unbeschränkter Vertreter der Gesellschaft ist.

§ 14. a. Aus dem vorhergehenden folgt als einziges und zwar negatives Erfordernis für die Giltigkeit der fraglichen Kollektivprokura, daß der in Betracht kommende Gesellschafter u. s. w. von alleiniger Vertretungsbefugnis ausgeschlossen sein muß; denn sonst wäre die Mitwirkung des Prokuristen in jedem Falle bedeutungslos, und es würde offensichtlich dem Begriff der Kollektivprokura widerstreiten, wollte man dieselbe als eine einseitige mit der Maßgabe

[1] Vergl. darüber unten S. 46 a. E. und 48.

[2] So u. a. in der Zeitschrift für das Notariat in Rheinpreußen, 1873, S. 42 ff.

errichten, daß nur der eine Teil an das Mithandeln des anderen gebunden sein solle, ohne daß Reziprozität bestände.

Bei Wahrung dieser Voraussetzung können wir — wohlgemerkt vom Standpunkte der Prokura aus — nichts dagegen einwenden, daß dieselbe einem Prokuristen gemeinsam mit einem Prinzipal verliehen werde, gleichviel ob dieser sogar einziger zur Firmenzeichnung ermächtigter Sozius, alleiniges Vorstandsmitglied u. s. w. ist,[1] oder nicht. Und wir werden andererseits selbst dann noch von einer Kollektivprokura sprechen dürfen, wenn eine beliebig große Anzahl Gesellschafter zu rechtsverbindlichen Handlungen regelmäßig an die Mitwirkung auch nur eines Prokuristen gebunden wäre, sofern ein solches Geschäftsorgan nur zur Ausübung der Prokurabefugnisse ermächtigt ist.

b. Von Seiten der Gesellschafter, Vorstandsmitglieder u. s. w. aus betrachtet sind indessen viele der eben erwähnten Fälle als unzulässig auszuscheiden, nämlich alle diejenigen, welche eine unstatthafte sachliche Beschränkung der Vertretungsbefugnis oder eine Umschreibung derselben (wie z. B. unten S. 28 ff.) enthalten würden.

Eine solche Beschränkung läge aber immer in der Bestimmung, daß der, bezw. die in Betracht kommenden Gesellschafter u. s. w. nur unter Mitwirkung eines Prokuristen handeln sollen, womit ihre Stellung lediglich zu einer Kollektivprokura mit den in Art. 42, Abs. 2 und Art. 53 H. G. B. vorgesehenen Begrenzungen degradiert wäre.

Goldschmidts Zeitschrift für Handelsrecht hebt im 24. Bande (S. 608) hervor, es sei zu weit gegriffen, wollte man eine für einen Einzelkaufmann und einen Prokuristen bestellte Kollektivprokura für zulässig ansehen. Das versteht sich meines Ermessens von selbst. Sollte nämlich nur der Prokurist immer an die Mitwirkung des einzigen Prinzipals gebunden sein, so käme dies dem auf voriger Seite am Schlusse besprochenen Falle gleich. Nähme man andererseits Reziprozität an, so läge darin auf Seiten des Einzelkaufmanns ein nach gemeinem Rechte unstatthafter Verzicht auf einen Teil seiner Handlungsfähigkeit. Auch wäre in diesem einzigen Falle eine, dem Wortlaute des Art. 41, Abs. 1 widersprechende, vollständige Identität des die Prokura erteilenden Subjektes und des damit Bedachten vorhanden; denn der Einzelkaufmann ist nicht nur ein, sondern der alleinige Prinzipal oder Eigentümer der Handelsniederlassung.

---

[1] Dies letztere trifft z. B. in Breslau zu bei den Aktiengesellschaften: „Produkten-Commissions- und Handelsgesellschaft“ und „Breslauer Aktien-Bierbrauerei“, wo der Direktor nur mit dem Prokuristen zusammen zeichnen darf.

Bei der offenen Handelsgesellschaft aber würde, im Falle die Gesellschafter nichts ohne einen Prokuristen vornehmen dürften, H. G. B. Art. 116 verletzt, bei den Aktiengesellschaften Art. 231, Abs. 2 und bei den Gesellschaften mit beschränkter Haftung § 37, Abs. 2 des betreffenden Gesetzes, welche beiden letzteren insbesondere auch ausdrücklich verbieten, daß die Zustimmung noch eines anderen Organes für einzelne Geschäfte erfordert werde, um wieviel mehr also, wenn es sich um sämtliche, in einer Prokura inbegriffenen Akte handelt.

Dem widerstreitet ferner Art. 167, 196, 227 H. G. B. und § 35 des Gesetzes vom 20. April 1892, welchen zufolge die Komplementäre, der Vorstand, die Geschäftsführer allein die Gesellschaft vertreten. Denn sobald die den Vorstand bildenden Personen u. s. w. nicht mehr ohne Mitwirkung eines Dritten vertretungsberechtigt sind, steht die Vertretung gar nicht mehr bei dem Vorstande allein, sondern lediglich bei einem aus ihm und dritten Personen kombinierten Gesellschaftsorgane.

Dieser Standpunkt nun ist aufs strengste innezuhalten bei Beurteilung der Frage, ob oder unter welchen Umständen einem Gesellschafter u. s. w. Kollektivprokura in Gemeinschaft mit einem Prokuristen erteilt werden kann. Demzufolge ist die in der Praxis gerade bei Kommandit-Aktiengesellschaften nicht selten vorkommende Bestimmung als unstatthaft besonders hervorzuheben, daß der einzige persönlich haftende Gesellschafter, oder wo deren mehrere vorhanden sind, diese insgesamt oder immer einige derselben bei allen Handlungen an die Mitwirkung eines Prokuristen gebunden sein sollen.

Ring will in seinem Kommentar zum Aktiengesetz vom 18. Juli 1884 (S. 325 in der Ausgabe von 1886) gerade bei der Kommanditgesellschaft auf Aktien eine derartige Bestimmung gelten lassen; denn seiner Ansicht gemäß ist dem persönlich haftenden Gesellschafter nur charakteristisch, daß er mit seinem ganzen Vermögen für die Gesellschaftsverbindlichkeiten einsteht, nicht aber, daß er die Gesellschaft nach außen vertritt. Das ist jedoch ein offenbarer Irrtum.[1]

Ebenso unzulässig erscheint ein in Goldschmidts Zeitschrift, Band XIV, S. 643 gegebenes Beispiel, woselbst es heißt:

„In der kaufmännischen Praxis kann sich das Bedürfnis nach einer solchen Einrichtung geltend machen; wenn zum Beispiel ein

[1] Über die stillschweigende Ausdehnung der Prokurabefugnisse, welche Ring hier zu Hilfe nimmt, siehe unten S. 37 ff.

Der entgegengesetzten, also der von uns im Text als richtig vertretenen Ansicht ist auch v. Völderndorff in seinem Kommentar zum Reichsgesetz vom 18. Juli 1884, S. 226 in der Ausgabe von 1885.

Kaufmann seinen Sohn als Associé in das Geschäft aufnimmt und ihm die Leitung einer Zweigniederlassung überträgt, ihm jedoch einen praktisch erfahrenen Prokuristen zur Seite giebt, mit dem er nur gemeinschaftlich die Firma zeichnen soll". Gerade dieser Fall eignete sich am allerwenigsten dazu, das Bedürfnis einer Kollektivprokura fraglicher Art zu exemplifizieren und deren Zulässigkeit daraus herzuleiten.

Und nicht anders steht es mit einem analogen Fall in Löhrs „Centralorgan für den deutschen Handelsstand" (Neue Folge, Bd. IX, S. 435 ff.), welcher dort unbeanstandet für zulässig erachtet wird.

Die Frage, ob die eben vorgeführten Beispiele sich in Rücksicht auf praktische Erfordernisse vielleicht dadurch aufrecht erhalten ließen, daß dem Prokuristen durch besondere Vollmacht die unumschränkte Vertretungsbefugnis eines Gesellschafters eingeräumt würde, steht hier nicht zur Entscheidung, weil sie über den Rahmen unseres Themas hinausgeht. Wenn nämlich der Prokurist kraft spezieller Ermächtigung eine ihm sonst untersagte Veräußerung oder Belastung eines Grundstückes vornimmt, so handelt er gar nicht in seiner Eigenschaft als Prokurist, sondern einfach als Bevollmächtigter, wobei es gleichgiltig bleibt, welche geschäftliche Stellung ihm sonst noch eigen ist. Thut er dies also in Gemeinschaft mit einem Gesellschafter, so ist in Bezug hierauf auch eine Kollektivprokura in der That nicht mehr vorhanden, als deren Ausfluß derartige Akte anzusehen wären.[1]

Wenn jedoch, wie u. a. in den S. 26, Anm. 1 genannten Fällen eine mit der Stellung des Vorstandes unvereinbare Kollektivprokura erteilt und auch ins Handelsregister eingetragen ist, so ist ihr unserer Meinung nach keine Giltigkeit Dritten gegenüber beizumessen, d. h. sie erscheint nach außen als nicht vorhanden. Trotzdem dürften sich daraus in Wirklichkeit kaum Unzuträglichkeiten ergeben. Denn daß die Zeichnung des Prokuristen neben der des Direktors unbeschadet der Rechtsverbindlichkeit auch unterbleiben könnte, dessen werden sich diese selbst meistenteils ebensowenig bewußt sein, wie der kontrahierende Dritte; sie werden sich folglich regelmäßig der vorgeschriebenen schwerfälligen und mehr als notwendig enthaltenden, hinsichtlich dieses plus aber unschädlichen Form bedienen.

Es bleibt nunmehr noch zu untersuchen übrig, ob es statthaft ist, einen von jeder Geschäftsführung ausdrücklich ausgeschlossenen Gesellschafter u. s. w. zum Prokuristen, bezw. Kollektivprokuristen zu ernennen.

---

[1] Näheres hierüber siehe unten S. 36; vergl. auch Ring, a. a. O.

Man könnte im ersten Augenblicke darüber zweifelhaft sein; von einer Beschränkung zu reden wäre nämlich da ganz und gar unangebracht, wo ohnedies schon jede Vertretungsbefugnis genommen ist. Erweiterungen aber verbietet das Gesetz nicht. Dazu kommt, daß der von der Geschäftsführung Ausgeschlossene in dieser Richtung der Gesellschaft völlig wie ein Fremder gegenübertritt.[1]

Allein diese Gründe sind nicht stichhaltig. Hier ist vielmehr einzusetzen, daß in solchem Falle unverkennbar eine auf andere Art versuchte, teilweise Wiedereinräumung der entzogenen Geschäftsführung, also eine nur umschriebene Einschränkung alleiniger, bezw. kollektivischer Vertretungsbefugnis, wie sie dem geschäftsführenden Gesellschafter zusteht, vorläge, kurz eine Gesetzesumgehung, zu deren Begünstigung im Wege der Eintragung sich das Handelsregister unter keinen Umständen hergeben darf. Würde doch sonst indirekt das in Art. 116 H. G. B. ausdrücklich verbotene Verhältnis eintreten, und alle jene Mißbräuche und Täuschungen hervorgerufen werden können, welche auszuschließen der Art. 116 beabsichtigt. Denn falls derjenige, den man als Mitglied einer offenen Gesellschaft u. s. w. kennt, überhaupt für die Gesellschaft handelt, begründet er die Vermutung, daß er ein geschäftsführendes Mitglied sei.[2]

Innerhalb dieser, im vorstehenden genau bestimmten Grenzen sind nun Kollektivprokuren der erwähnten Art unbedingt zulässig. Denn daß ein nicht für sich allein zur Vertretung befugter Gesellschafter, ein Vorstandsmitglied u. s. w., wenn es nicht mit einem zweiten Vorstandsmitgliede handelnd auftritt, füglich noch in anderer Eigenschaft für die Zwecke der Gesellschaft verwendet werden kann, unterliegt keinem rechtlichen Bedenken. Hierin tritt keine objektive Beschränkung, vielmehr eine subjektive Erweiterung der Vertretungsbefugnis zu Tage; und das ist der positive Inhalt des auf S. 26 negativ ausgedrückten Erfordernisses für eine derartig Kollektivprokura. Wo dieselbe nicht anstatt, sondern neben einer Kollektivvertretung der Gesellschafter u. s. w. unter einander erteilt

---

[1] Vergl. hierzu Busch, Archiv, I, S. 147 ff., anders dagegen VI, S. 160 und VIII, S. 401.

[2] Die Zeitschrift für das Notariat in Rheinpreußen, Jahrgang 1872, S. 119, erwähnt diesen Fall als ohne weiteres zulässig, führt indessen keine Gründe an; desgl. Puchelt, a. a. O., Anm. 4 zu Art. 41, Anm. 4 zu Art. 104 und Anm. 3 zu Art. 118.

Behrend dagegen (a. a. O. § 52, Anm. 7) nimmt in diesem Falle, wenn die Erteilung der Prokura unter Zustimmung sämtlicher Gesellschafter erfolgt, eine Aufhebung der Ausschließung von der Vertretungsbefugnis an; in § 72, Note 27 schließt er sich jedoch ebenfalls Puchelts Meinung an, und läßt die in § 52, Anm. 7 vertretene Ansicht nur als Vorschlag de lege ferenda gelten.

ist, sodaß diesen, ausgenommen die Veräußerung und Belastung von Grundstücken und die Prokuraerteilung, die Wahl anheimgegeben ist, im Verein mit ihresgleichen, oder mit einem Prokuristen zu zeichnen, da überall und nur da findet eine solche Erweiterung statt. Man vergleiche auch, um den Gegensatz zu veranschaulichen, das auf S. 25 Gesagte. Dort wurde von seiten der Prokura nur Ausschließung von der alleinigen Vertretungsbefugnis vorausgesetzt, hier verlangt die besondere Stellung der Gesellschafter u. s. w. außerdem Kollektivvertretung inter socios.

§ 15. Daß ein zur Kollektivvertretung berufener Gesellschafter nicht nebenbei noch Einzelprokurist werden kann, liegt auf der Hand. Das liefe der Anordnung kollektiver Repräsentation grundsätzlich zuwider; denn es kann niemand als einzelner und gemeinschaftlicher oder richtiger als selbständiger und an die Mitwirkung anderer gebundener Vertreter zugleich fungieren.[1] Dieser Fall ist insofern interessant, als er der einzige ist, wo sich die Fähigkeiten, Träger einer Prokura und Träger einer Kollektivprokura zu werden, nicht decken. Er verliert jedoch seinen paradoxen Charakter, wenn man sich vergegenwärtigt, daß dies seine Bewandtnis nicht in einem wesentlichen Unterschiede der beiden erwähnten Institute, sondern in der eigentümlichen Stellung eines nur zu kollektiver Geschäftsführung zugelassenen Gesellschafters hat.

Es haben uns aber bisher weder die Kommentare des Handelsgesetzbuches, noch die Lehrbücher des Handelsrechts auf diese Besonderheit aufmerksam gemacht. Dies erklärt sich wohl aus dem Umstande, daß man in der Praxis kaum daran denken wird, einen geschäftsführenden Gesellschafter u. s. w. auch als Einzelprokuristen zu benutzen, daß man daher auch wenig Gelegenheit hat, die in der persönlichen Stellung eines Prinzipals begründeten „relativen" Ausschließungsgründe[2] von der Fähigkeit, Prokurist zu werden, überhaupt in Betracht zu ziehen. Aber aus dem angeführten Falle ist zu entnehmen, daß die Erörterung der Frage, ob es angängig erscheint, einem Prokuristen mit einem Gesellschafter zusammen Kollektivprokura zu erteilen, sich im Grunde genommen lediglich zu einer Untersuchung der Qualifikation zum Kollektivprokuristen

[1] Hierin läge vielmehr eine Aufhebung der Kollektivvertretung. Wer nämlich als Gesellschafter überhaupt selbständig handelt, der gilt mit Recht präsumptiv als allein zur Vertretung berechtigter Gesellschafter.

[2] „relativ", insofern der Prinzipal an und für sich, d. h. „absolut" nicht unfähig ist, Prokurist zu werden, sondern nur während der Dauer seiner Prinzipalseigenschaft zum mindesten in seinem eigenen Geschäft hieran gehindert ist. Unter „Prinzipal" ist hier z. B. auch jedes Vorstandsmitglied einer Aktiengesellschaft zu verstehen.

zuspitzt, oder vielmehr zu der Erwägung, inwieweit man sich hierin nicht, wie gewöhnlich, nach den für die Einzelprokura geltenden Sätzen richten darf.

Nicht weniger unstatthaft muß es aus dem oben erwähnten Grunde erscheinen, derselben Person gleichzeitig Einzelprokura und in Gemeinschaft mit einer anderen Person Kollektivprokura zu erteilen. Dennoch erklärt Puchelt[1] den letztgenannten Fall ohne weiteres für zulässig, während er andererseits die Möglichkeit leugnet, daß ein offener Gesellschafter zugleich zur Einzel- und Kollektivgeschäftsführung berufen werden kann.

§ 16. a. Der Verkehr hat sich nun der Erleichterung der Kollektivzeichnung in der angegebenen Weise seit jeher in ausgedehntestem Maße bemächtigt; besonders Aktien- und Kommandit-Aktiengesellschaften dürfte es heutzutage wenige geben, die, wofern sie überhaupt Prokuristen anstellen, neben der Vertretung durch den Vorstand nicht zugleich auch eine Vertretung durch je ein Vorstandsmitglied und einen Prokuristen statutarisch anordnen. Dabei ergeben slch möglicherweise wieder die verschiedensten Kombinationen, wie bei einer gewöhnlichen Kollektivprokura. Ein interessantes Beispiel hierfür giebt das Breslauer Hauptgeschäft der „Breslauer Diskontobank" (Aktiengesellschaft). Deren Statut bestimmt, daß die Firma von den beiden Direktoren, oder von einem Direktor und einem Prokuristen, oder von drei Prokuristen zusammen gezeichnet werden soll. Solcher Kollektivprokuristen giebt es aber sechs. Kürzlich ist nun festgesetzt worden, daß zwei derselben — vermutlich besonders tüchtige Elemente — schon mit einem der übrigen gleich den Vorstandsmitgliedern die Firma giltig zeichnen können.

Wo übrigens statutenmäßig angeordnet sein sollte, daß außer den Vorstandsmitgliedern auch ausdrücklich bestimmte „Stellvertreter"[2] die Gesellschaft aufs vollständigste repräsentieren,[3] kann der Prokurist natürlich auch an die Mitwirkung dieser gebunden sein.

b. Von großer Wichtigkeit erweist sich für uns eine Entscheidung des Reichsoberhandelsgerichts zu Leipzig vom 4. Jan. 1873[4] in Sachen der Kölnischen Wechsler- und Kommissionsbank, weil

---

[1] Puchelt, a. a. O., S. 102, Anm. 11 zu Art. 41.

[2] d. h. stellvertretende Vorstandsmitglieder.

[3] Wie z. B. im Breslauer Handelsregister bei der „Breslauer Spritfabrik Aktiengesellschaft", sowie bei den Breslauer Zweigniederlassungen der Geislinger Aktiengesellschaft „Württembergische Metallwaarenfabrik" und der „Möbel-, Bau- und Kunst-Tischlerei Aktiengesellschaft vorm. Langer & Comp. Schweidnitz".

[4] R.O.H. VIII, S. 337 ff.

sie die einzige ist, welche die in den vorigen Paragraphen vertretene Ansicht einmal wirklich klar zum Ausdruck gebracht hat.

Es heißt darin:

„. . . daß eine mehreren Personen gemeinschaftlich übertragene Vollmacht, eine Aktiengesellschaft als Prokuristen zu vertreten, dadurch nicht aufhört, Prokura zu sein, daß von den mehreren Personen die eine dem Organismus der Gesellschaft auch in einer anderen Eigenschaft angehört; daß ein Vorstandsmitglied, welches dem andern Prokuristen mitwirkend und mitzeichnend zur Seite gestellt wird, sich, indem es diesen Funktionen sich unterzieht, nur an einem Akte der Prokuraverwaltung mit den dieser gesetzlich zugewiesenen Befugnissen beteiligt und für diesen Fall aus seiner Stellung als Vorstandsmitglied insofern heraustritt, als es in letzterer statutenmäßig für sich allein nicht, sondern nur wieder in Verbindung mit einem andern Vorstandsmitgliede die Gesellschaft vertritt;

daß daher auch durch die im vorliegenden Falle beabsichtigte Kombination keineswegs eine neue Form für die Wirksamkeit des Vorstandes der Gesellschaft, vielmehr im eigentlichen Sinne eine Prokura geschaffen wird und nach dieser Voraussetzung über die rechtliche Natur der von derselben ausgehenden Akte ein Zweifel nicht vorhanden ist; . . .“[1]

Im Hinblick hierauf erübrigt es sich, die Entscheidungen noch anderer Gerichte für oder wider unsere Meinung anzugeben. Die Argumentationen derselben sind in obiger Auseinandersetzung durchweg enthalten. Wo die fragliche Art einer Kollektivzeichnung ausnahmslos als unzulässig von der Hand gewiesen wird, läuft es gewöhnlich auf eine Verwechselung subjektiver und objektiver Beschränkung der Vertretungsbefugnis hinaus. Sämtlich leiden diese Erkenntnisse aber an dem Mangel, daß nicht deutlich genug aus ihnen hervorgeht, welche Grenzen der soeben besprochenen, bei Handelsgesellschaften beliebten Art der Kollektivprokura gezogen sind.

---

[1] Dem Reichsoberhandelsgericht schließen sich Thöl (a. a. O., S. 191), Gareis (Lehrbuch des Handelsrechts, 3. Aufl. 1888, S. 102), Gareis-Fuchsberger (a. a. O., Anm. zu Art. 41) an; Endemann (Handbuch des Handelsrechts, I, 1881, S. 285) und Behrend (a. a. O., I, S. 369, Anm. 34) dagegen halten die fragliche Art der Kollektivprokura trotz der Entscheidung des R.O.H. nach dem H.G.B. für bedenklich.

v. Hahn (a. a. O., S. 417 und 727) sieht darin allemal die Anordnung einer Einzelvertretung für den betreffenden Gesellschafter u. s. w. mit einem als nicht geschrieben geltenden, einschränkenden Zusatz.

V. Bestellung der Kollektivprokura.

§ 17. Sehr einfach gestaltet sich im Verhältnis zu unseren bisherigen Untersuchungen die Lösung der Frage, auf welche Weise die Kollektivprokura bestellt wird. Dies geschieht nämlich ohne Abweichung nach Analogie der einfachen Prokura, also mündlich oder schriftlich,[1] und zwar den gesetzlichen Vorschriften[2] gemäß entweder durch Erteilung einer ausdrücklich als Kollektivprokura bezeichneten Vollmacht an mehrere Personen, oder durch ausdrückliche Bezeichnung der Bevollmächtigten als Kollektivprokuristen, oder durch die Ermächtigung, gemeinschaftlich die Firma des Prinzipals per procura zu zeichnen. Dabei erfährt die dritte Bestellungsart eine Modifikation, sobald eine Verleihung an einen Prokuristen und einen Gesellschafter u. s. w. in Frage kommt. Denn hier kann natürlich nur der erstere zur Prokurazeichnung ermächtigt werden, aber unter Voraussetzung der Mitzeichnung des anderen Teiles.

Wenn nun Puchelt[3] behauptet, Art. 41, Abs. 2 regele die Erteilung der Prokura nicht in ausschließender Weise, es sei darin vielmehr den gewöhnlichen Arten der Bestellung ihre Wirksamkeit gesichert, so können wir uns hiermit nicht einverstanden erklären. Puchelts Beispiel lautet:

Es wäre unzweifelhaft eine giltige Prokuraerteilung, wenn es hieße: „Ich erteile den Herren N. N. Mandat zu meiner Vertretung nach Maßgabe des Art. 41 H. G. B.“.

Dies erscheint indessen nicht als eine neue Bestellungsart, sondern nur als eine Bezugnahme auf die in Art. 41, Abs. 2 erwähnten Formen, für welche ein bestimmter, allein maßgebender, Wortlaut keineswegs festgesetzt ist.

So ist denn überhaupt keine Erteilung der Kollektivprokura denkbar, welche sich nicht den beiden vorbezeichneten ausdrücklichen, oder der dritten, nicht notwendig ausdrücklichen Bestellungsweise unterordnen ließe.[4]

Es bedarf noch der Hervorhebung, daß die Bestellung der Kollektivprokura, wie der Prokura überhaupt nicht zu verwechseln ist mit der ordnungsmäßigen und in Ansehung der Präsumptionen vollwirksamen Errichtung derselben. Zu letzterer gehört nämlich auch

---

[1] Vergl. H.G.B., Art. 317, ferner Busch, Archiv, Bd. IX, S. 125.
[2] Vergl. Art. 41, Abs. 2 H.G.B.
[3] Puchelt, a. a. O., Anm. 7 zu Art. 41.
[4] Vergl. hierüber Behrend, a. a. O., § 52, Anm. 22, u. a. m.

die Anmeldung und Eintragung in das Handelsregister, ebenfalls in der gesetzlich bestimmten Weise, welche unten S. 50 ff. eingehende Erörterung finden wird.

§ 18. Wem aber steht eigentlich das Recht zu, eine Kollektivprokura zu bestellen?

Auch in dieser Hinsicht giebt wieder die gewöhnliche Prokura den Ausschlag; es ist diese Befugnis somit nur den Vollkaufleuten zuzusprechen. Demzufolge gilt auch bei den Handelsgesellschaften das bezüglich der Erteilung von Einzelprokuren zuständige Organ,[1] also z. B. bei Aktiengesellschaften der Vorstand, zur Ernennung von Kollektivprokuristen selbst dann als kompetent, wenn es sich darum handelt, die eigenen Vorstandsmitglieder sämtlich oder teilweise zu Mitträgern der Kollektivprokura zu bestellen.

VI. Umfang der Kollektivprokura.

§ 19. Wir kommen nunmehr zu der vielumstrittenen Frage nach dem Umfange der Kollektivprokura. Dieselbe erstreckt sich, um es kurz anzugeben, wiederum analog der einfachen Prokura auf alle Arten von gerichtlichen und außergerichtlichen, Handels- und Nichthandelsgeschäften, sowie auf alle Rechtshandlungen, welche der Betrieb irgend eines Handelsgewerbes, nicht nur des gerade geführten Geschäfts[2] mit sich bringt, ausgenommen die Veräußerung und Belastung von Grundstücken; sie ersetzt jede nach den Landesgesetzen erforderliche Spezialvollmacht; sie berechtigt zur Anstellung und Entlassung von Handlungsgehilfen, von Handlungs- und Prozeßbevollmächtigten.[3] Nur die Fähigkeit zur Ernennung neuer selbstständiger Prokuristen oder die Übertragung ihrer gesamten Machtvollkommenheit auf andere mangelt auch den Kollektivprokuristen gänzlich.[4] Ebensowenig darf einer unter ihnen für sich einen Substituten bestellen.[5]

Unzulässig erscheint ferner die Vertretung des Prinzipals durch Kollektivprokuristen, als eine Mehrheit, fast in noch höherem Grade

---

[1] Vergl. hierzu Art. 118 und 234 H.G.B., sowie § 47, Ziff. 7 des Gesetzes vom 20. April 1892.

[2] Anderer Ansicht ist Gareis, a. a. O., S. 101.

[3] Vergl. H.G.B., Art. 42.

[4] Vergl. Art. 53 H.G.B.

[5] Über die Unzulässigkeit der Vertretung eines Kollektivprokuristen durch einen zweiten siehe unten S. 42.

wie diejenige durch einen Einzelprokuristen bei der Ausübung rein persönlicher Rechte bezw. Pflichten, wie z. B. der Eidesleistung oder der Abgabe einer eidesstattlichen Versicherung, obwohl dieselbe mit dem Betriebe eines Handelsgewerbes recht gut in Zusammenhang stehen kann.[1]

Im übrigen aber hat jede Beschränkung des Umfanges der Befugnisse, wie bereits des öfteren erwähnt wurde, dritten Personen gegenüber keine rechtliche Wirkung.[2]

Auf Seite 74 der Nürnberger Protokolle heißt es: von der Prokura müsse dasselbe gelten, wie von der legis actio: non recipit diem vel conditionem. Hieraus ergiebt sich, daß die im einzelnen Falle oder gegenüber einer einzelnen Person erteilte Prokura wie Kollektivprokura allgemein Wirkung hat.[3]

Als eine weitere Folge der Uneinschränkbarkeit erscheint die Unteilbarkeit. Kollektivprokura kann also bloß im ganzen erteilt werden, d. h. es ist unzulässig, mehrere Prokuristen anzustellen, welche im allgemeinen jeder für sich, in speziellen Fällen aber, z. B. bei Wechselaccepten, nur insgesamt handeln dürfen.[4] Hier ist nicht etwa das Vorhandensein einer Kollektivprokura anzunehmen, indem man davon ausgeht, daß die mehrfache Zeichnung auf jeden Fall rechtswirksam wäre, sondern vielmehr eine Einzelprokura mit einer als nicht geschrieben geltenden Beschränkung. Wollte man aber z. B. 3 Personen gemeinschaftlich in der Weise Prokura verleihen, daß in einigen Fällen je 2, in anderen alle 3 zusammen zeichnen sollen, so würde demgemäß die Unterschrift je zweier stets genügen.

Im Widerspruch mit diesem Prinzip der Unteilbarkeit ist bisher in den Statuten einer Reihe von Aktiengesellschaften nicht beanstandet worden, daß für gewisse Geschäfte eine größere Anzahl Unterschriften verlangt wird.[5] Eine solche Vorschrift kann richtiger Ansicht zufolge nur für das innere Verhältnis der Prokuristen untereinander und zur Gesellschaft in Betracht kommen.

---

[1] Vergl. hierzu Behrend, a. a. O., § 52, Anm. 12; Puchelt, a. a. O„ Anm. 3 zu Art. 42 u. a.; Goldschmidts Zeitschrift für Handelsr., VII, S. 587 und XXI, S. 529; Löhrs „Central-Organ", Jahrg. III, No. 19; Busch, Archiv, IX, S. 119, ferner Ziv.-Proz.-Ordn., §§ 414, 435, 440. Die entgegengesetzte Ansicht vertritt Pr. A.L.R., § 578, II, 8.

[2] Vergl. Art. 43 H.G.B.

[3] Vergl. Puchelt, a. a. O., Anm. 8 zu Art. 41 und Busch, Archiv, XXI, S. 44.

[4] Vergl. Anschütz-v. Völderndorff, a. a. O., S. 319.

[5] Vergl. von Völderndorff in seinem Kommentar zum Aktiengesetz, 1885, S. 634.

Mit diesen Fällen steht es ähnlich, wie mit den S. 28 erwähnten.

3*

Dagegen hat das Gesetz in Art. 42, Abs. 2 die Möglichkeit einer Erweiterung der Befugnisse vorgesehen. Es darf nämlich der Prokurist auf Grund besonderer Ermächtigung auch Grundstücke veräußern und belasten. Darin ist jedoch, wie S. 28 erwähnt wurde, keine Ausdehnung der Prokura selbst, auch nicht, wie Thöl (a. a. O., S. 191) meint, eine Handlungsvollmacht zu erblicken, da eine solche nach Art. 47 H. G. B. schon zum Eingehen von Wechselverbindlichkeiten, zur Aufnahme von Darlehen und zur Prozeßführung nicht ausreicht, sondern neben der Prokura eine einfache Vollmacht, welche die Prokuristeneigenschaft keineswegs voraussetzt.[1]

Dies geht schon daraus hervor, daß sich eine derartige Erweiterung einerseits zur Eintragung ins Handelsregister gar nicht eignet, folglich auch vom Gesetz eine solche nicht verlangt wird, daß andererseits die von der Prokura geltenden Vorschriften für dieselbe überhaupt nicht passen, mithin nach Lage des Falles allerlei sonst unzulässige Beschränkungen hier Platz greifen können. Die Befugnis zur Veräußerung und Belastung braucht sich z. B. nur auf bestimmte Grundstücke zu erstrecken. Es steht auch grundsätzlich nichts im Wege, einen Einzelprokuristen nur gemeinschaftlich mit einer anderen Person, wie dem Kollektivgeschäftsführer einer Gesellschaft, oder einen Kollektivprokuristen allein mit einer solchen Sondervollmacht auszustatten. Unrichtig erscheint daher insbesondere Puchelts Ansicht,[2] daß dieselbe von jeder weiteren, sonst erforderlichen Spezialvollmacht befreit. Vielmehr umfaßt die hierauf bezügliche Bestimmung des Art. 42 „sie (die Prokura) ersetzt jede nach den Landesgesetzen erforderliche Spezialvollmacht“ nur den im ersten Absatze dieses Artikels fixierten Inhalt der Befugnisse, nicht auch Absatz 2, ganz abgesehen davon, daß dies schon dem Reichseinführungsgesetze vom 5. Juni 1869[3] zuwiderlaufen würde, welchem gegenüber der Art. 42 H.G.B. keine derogierende Kraft besitzt. Danach bleiben nämlich diejenigen, auf die Einführung des Handelsgesetzbuches sich beziehenden landesgesetzlichen Vorschriften bestehen, welche „den Prokuristen zur Erteilung von Konsensen vor den mit der Führung der Eigentums- und Hypothekenbücher, oder der Schuld- und Pfandprotokolle beauftragten Behörden und Beamten nur für den Fall befugt er-

---

[1] Vergl. hierzu Makower, Kommentar zum H.G.B., 10. Aufl. 1890, Anm. zu Art. 42.

[2] Puchelt, a. a. O., Anm. 4 zu Art. 42; vergl. auch Goldschmidt, Zeitschr., VII, S. 598.

[3] Siehe § 3, Abs. 13, Ziff. 3 dieses Gesetzes.

klären, daß demselben diese Befugnis besonders beigelegt ist".[1] Hieraus folgt, daß der Prokurist von der Disposition über Grundstücke des Prinzipals und von dem Erwerb von Immobilien für denselben ohne besondere Vollmacht landesgesetzlich ganz ausgeschlossen werden kann, wie es im Einführungsgesetz für Hamburg (§ 9), für Schleswig und Holstein (§ 23) und für Lauenburg (§ 23) thatsächlich geschehen ist.

§ 20. Diese zuletzt ausgeführten Punkte sind von Wichtigkeit zur Widerlegung einer von Ring[2] stark verfochtenen Ansicht, derzufolge in der einem Vorstandsmitgliede einer Aktiengesellschaft in Gemeinschaft mit einem Prokuristen verliehenen Vertretungsbefugnis eine stillschweigende Ermächtigung des letzteren zu der ihm sonst nicht zustehenden Veräußerung und Belastung von Grundstücken zu finden ist. Ring geht dabei von der Voraussetzung aus, daß andernfalls das Vorstandsmitglied dem Umfang seiner Befugnisse nach in unzulässiger Weise beschränkt werde. Schon dies ist, wie wir oben gesehen haben, unrichtig, weil in dem von ihm erwähnten Falle das betreffende Vorstandsmitglied außerdem noch mit seinesgleichen zu kollektiver Geschäftsführung berufen ist, und würde nur an einer ganz anderen Stelle zutreffen,[3] wo es sich darum handelt, einen oder mehrere Komplementäre einer Kommanditgesellschaft auf Aktien immer an die Mitwirkung eines Prokuristen zu binden.

Ferner stützt sich Ring, was die stillschweigende Ermächtigung anbelangt, auf das Wort „besonders" in Art. 42, Abs. 2. Nach dem Entwurf erster Lesung sollte nämlich die Vollmacht zur Veräußerung und Belastung von Immobilien eine ansdrückliche sein. In zweiter Lesung ist hierfür die gegenwärtige Fassung gesetzt worden, „um", wie es in den Protokollen heißt, „auch eine thatsächliche Erteilung der betreffenden Befugnis möglich zu machen".[4] Über eine solche thatsächliche Erteilung ist man sich aber bisher nicht recht klar geworden. Man könnte darunter wohl eine stillschweigende oder nachträgliche Ermächtigung verstehen. Da jedoch, wie wir vorhin gesehen haben, das Recht zur Veräußerung und Belastung von Grundstücken von der Prokura ausdrücklich ausgenommen ist, somit die Erteilung derartiger Befugnis über den

---

[1] Vergl. auch Ziff. 4 loco citato.
[2] Ring, Aktiengesetz, S. 510, 511.
[3] Vergl. Ring, a. a. O., S. 324.
[4] S. 952 der Protokolle; vergl. darüber Behrend, a. a. O., Anm. 8 zu § 52; Puchelt, Anm. 6 zu Art. 42, letzter Absatz und v. Hahn, a. a. O., S. 178, § 4.

gewöhnlichen Begriff derselben hinausgeht, so erscheint die stillschweigende Verleihung einer hierauf gerichteten Machtvollkommenheit selbst in den Landesteilen unmöglich, wo nicht schon das bürgerliche Gesetzbuch den Prokuristen von der Disposition über Immobilien ausschließt, oder eine Spezialvollmacht zu deren Veräußerung und Belastung erfordert. Auch ist gerade das Wort „besonders" recht unglücklich gewählt, um den Gegensatz zu „ausdrücklich" treffend zu kennzeichnen. Der übliche Sprachgebrauch dürfte schwerlich der Auffassung huldigen, daß „stillschweigend" in „besonders" mit enthalten sei, vielmehr zwischen diesen beiden Begriffen kaum einen geringeren Unterschied machen, als zwischen „stillschweigend" und „ausdrücklich".

Eine Veräußerung und Belastung von Grundstücken ohne den Willen des Prinzipals würde also ungiltig sein. Nur in dem Falle ist sie giltig, wenn der Prinzipal dieselbe erfährt und nachträglich genehmigt, was auch dann anzunehmen wäre, wenn er gegen die auf Veräußerung und Belastung hinzielenden Handlungen des Prokuristen keinen Einspruch thut. Dann liegt indessen seitens des Prokuristen immer eine reine Geschäftsführung (negotiorum gestio) und seitens des Prinzipals eine Genehmigung derselben vor;[1] denn die in einem oder mehreren Einzelfällen erteilte Ratihabition verwandelt die Geschäftsführung noch nicht in ein für die Zukunft allgemein giltiges Mandat, geschweige denn in eine handelsrechtliche Prokura.

Die **Ringsche** Ansicht soll nun im weiteren folgendermaßen befürwortet werden:

„Würde eine Erklärung dahin versucht, daß das einzelne Mitglied nur als Kollektivprokurist zu betrachten wäre, wenn es mit dem Prokuristen handelte, dagegen bei kollektivem Handeln mit einem anderen Vorstandsmitgliede als Mitrepräsentant des Vorstandes erschiene, so trüge solche Konstruktion in die einheitliche Repräsentationsfunktion des Vorstandsmitgliedes, welche schlechthin auf Teilnahme an der Gesellschaftsvertretung geht, einen willkürlichen und gefährlichen Dualismus; der Verkehr würde nicht begreifen, aus welchem Grunde ein Vorstandsmitglied, dem die Zeichnung der Firma kollektiv mit seinesgleichen oder einem Prokuristen zustände, je nach der Person des Mithandelnden bald zur Vornahme aller denkbaren Rechtsgeschäfte befugt, bald von der Belastung und Veräußerung der Gesellschaftsgrundstücke ausgeschlossen wäre".

---

[1] Vergl. **Busch**, Archiv, I, S. 53.

In Erwiderung hierauf ist aber zuvörderst auf die unzweideutigen Angaben der handelsgerichtlichen Eintragungen zu verweisen, denen gegenüber man in Wirklichkeit von einer Störung der einheitlichen Repräsentationsfunktion in diesem Falle ebensowenig zu sprechen Veranlassung hat, wie wenn bestimmt wäre, daß der eine Direktor allein, die übrigen nur insgesamt vertretungsberechtigt sein sollen.

Erscheint es doch andererseits auch im höchsten Grade sinngemäß und praktisch, die Vornahme von Handlungen von so weittragender Bedeutung, wie es die Veräußerung und Belastung der Immobilien sind, nur solchen Personen zu gestatten, welche der Gesellschaft für die Geschäftsführung im vollsten Umfange verantwortlich und haftbar sind, und infolgedessen naturgemäß das meiste Interesse daran haben, bei diesen Akten vorsichtig zu Werke zu gehen. Außerdem läge meiner Meinung eine viel größere Verkehrsunsicherheit dann vor, wenn, wie Ring für notwendig erachtet, jeden Augenblick eine ungewöhnliche Ausdehnung der ihrem Inhalte nach gesetzlich genau fixierten Prokura eintreten könnte, je nachdem der Prokurist lediglich als Ersatzmann eines einzelnen Vorstandsmitgliedes in Frage käme oder nicht. Ja es würde dies folgerichtig sogar dazu führen, schon zwei Kollektivprokuristen allein mit einer so umfangreichen Vollmacht für immer als stillschweigend ausgestattet anzusehen, indem man dieselben nicht als Gesellschaftsprokuristen, sondern lediglich als volle Stellvertreter je eines Vorstandsmitgliedes betrachtet; und analog könnte man nicht einmal die Bestimmung als unzulässig verwerfen: es habe sich der Prokurist regelmäßig der Mitwirkung eines anderen Prokuristen oder eines gewöhnlichen Handlungsbevollmächtigten zu bedienen, insofern sich der Handlungsbevollmächtigte solchen Falles einfach als Ersatzmann eines Kollektivprokuristen auffassen ließe mit stillschweigender Erweiterung seiner Vollmacht bis zum Umfange der Prokura.

Endlich aber, und das ist am auffallendsten, hat Ring vollständig übersehen, daß, wenn selbst eine solche Sondervollmacht stillschweigend erteilt wäre, der Prokurist dennoch dem Inhalt seiner Befugnis nach nicht die gleiche Stellung eines Vorstandsmitgliedes einnehmen könnte; denn dieses ist laut Art. 234 H. G. B. auch zur Erteilung von Prokuren berechtigt, eine Fähigkeit, welche den Prokuristen selbst dann mangelt, wenn sie zugleich auf die eigene weitere Ausübung ihrer Befugnisse verzichten.[1] Erwägt man weiter, daß das Gesetz, während es in Art. 42, Abs. 2 eine besondere Er-

[1] Über das Verbot der Übertragung der Prokura (Art. 53 H.G.B.) siehe oben S. 34 a. E.

mächtigung ausdrücklich für statthaft erklärt, in unserem Falle von einer solchen schweigt und das Recht der Ernennung von Prokuristen ausschließlich dem Prinzipal, Vorstand u. s. w. einräumt, so gelangt man zu dem Schlusse, eine dahingehende Vollmacht, geschehe sie nun ausdrücklich oder nicht, geradezu für unmöglich zu erachten. Dem steht nicht entgegen, daß bei Anmeldung einer erteilten Prokura zur Eintragung ins Handelsregister[1] ein durch beglaubigte Vollmacht legitimierter, persönlich erscheinender Stellvertreter den Prinzipal ersetzen kann.[2]

Auch ist dies nicht einmal der einzige Fall, wo die Vertretung eines Vorstandsmitgliedes selbst auf Grund besonderer Ermächtigung unzulässig ist; ein zweiter wäre z. B. die in diesem Abschnitte schon erwähnte Eidesleistung in Gesellschaftsangelegenheiten, desgleichen andere höchst persönliche Prinzipalsrechte.

Ist es aber sogar mittels ausdrücklicher Vollmacht unmöglich, die Befugnisse eines Prokuristen bis zur Stellung eines Vorstandsmitgliedes zu erweitern, so zeigt sich schon von vornherein Rings Ansicht als hinfällig, indem sie etwas Unmögliches behauptet, nämlich die volle Gleichberechtigung des Prokuristen wie des Vorstandsmitgliedes im angeführten Falle, und unter dem Gesichtspunkte eines praktischen Erfordernisses derselben zu dem Resultate kommt, das Unmögliche stillschweigend als thatsächlich vorhanden anzunehmen.

VII. Zustandekommen rechtsverbindlicher Akte seitens der Kollektivprokuristen.

§ 21. In den vorigen Paragraphen ist nachgewiesen worden, daß sich der Inhalt einer Kollektivprokura mit dem einer einfachen Prokura unter allen Umständen decken muß. Jetzt wollen wir zur Untersuchung einiger Punkte übergehen, bei welchen von einer solchen Analogie der Natur der Sache nach nicht die Rede sein kann, nämlich zu der Frage: Auf welche Weise kommen rechtsverbindliche Akte seitens der Kollektivprokuristen innerhalb des Umfanges ihrer Befugnisse zustande?

Selbstverständlich nur durch gemeinschaftliches Handeln, wie es vorgeschrieben ist.

So entspricht es dem Begriff und Wesen der Kollektivprokura, und von diesem Prinzip darf nirgends eine Ausnahme gemacht

[1] Vergl. Art. 45 H.G.B.

[2] Vergl. Puchelt, Anm. 2 zu Art. 45.

werden. Wenn es in § 80 Ziv.-Pr.-O. heißt: „Mehrere Bevollmächtigte sind berechtigt, sowohl gemeinschaftlich, als einzeln die Partei zu vertreten. Eine abweichende Bestimmung der Vollmacht hat dem Gegner gegenüber keine rechtliche Wirkung“, so hat dies für Kollektivprokuristen keine Geltung laut § 13 E. G. zur Z.P.O., wonach die prozeßrechtlichen Vorschriften der Reichsgesetze durch die Z.P.O. nicht berührt werden.

Folglich reicht der Widerspruch eines einzelnen Kollektivprokuristen aus, um jede Thätigkeit der anderen zu lähmen und auszuschließen, selbst entgegen der Aufforderung des Prinzipals, mitzuunterzeichnen.[1]

Fehlt also bei einer Kollektivprokura nur eine Unterschrift, so ist die Urkunde als solche wertlos, und es bedarf das Geschäft zur Rechtswirksamkeit der Darlegung, daß und wie alle Träger der Kollektivprokura ausdrücklich oder durch schlußgerechte Handlungen zugestimmt haben.[2] Das nämlich ist allgemein anerkannt, daß, obwohl Art. 44 bloß von der Zeichnung der Kollektivprokuristen spricht, dieselben auch mündlich, aber nur durch gemeinschaftliches übereinstimmendes Handeln den Prinzipal zu obligieren imstande sind, wofern nicht gerade die Schriftlichkeit Vorbedingung für die Giltigkeit des betreffenden Vertrages ist. Ebensowenig brauchen die mündlichen Erklärungen immer gleichzeitig zu erfolgen; es genügt, daß einer das Geschäft abschließt in der Voraussicht, daß die anderen ihm beistimmen werden.[3] Natürlich hängt davon aber die Giltigkeit des Geschäftes ab; geben nun die übrigen nachträglich ihre Genehmigung, so geschieht dies regelmäßig mit rückwirkender Kraft. Streitig ist, ob das letztere auch auf schriftliche Akte der Kollektivprokuristen zu erstrecken ist, oder ob hier unter Ausschließung der Retrotraktion eine giltige Urkunde erst mit der letzten erforderlichen Zeichnung zustande kommt. Meines Dafürhaltens ist den später abgegebenen Unterschriften ebenfalls rückwirkende Kraft beizulegen.

Es braucht ferner eine solche Ratihabition nicht einmal durch ausdrückliche Willenserklärung jedes einzelnen, sie kann auch stillschweigend, also thatsächlich geschehen. Denn es liegt kein Grund vor, den Grundsatz, daß eine Willensäußerung auch durch konkludente Handlungen erfolgen könne, hier zu modifizieren. „Nur

---

[1] Vergl. Endemann, a. a. O., S. 285.

[2] Vergl. Puchelt, a. a. O., Anm. 4 zu Art. 44.

[3] Vergl. Staub, a. a. O., S. 58; Keyßner, Kommentar zum H.G.B., Anm. 6 zu Art. 41; v. Hahn, a. a. O., S. 175, Anm. 7, und Puchelt, Anm. 11 zu Art. 41.

müssen", wie eine Entscheidung des Reichsoberhandelsgerichts ausführt,[1] „dem Richter die thatsächlichen Momente, aus welchen die Genehmigung hervorgeht, vorgeführt werden; die allgemeine, und noch dazu zum Eid verstellte Behauptung: die Erklärung sei mit Wissen und Willen oder mit Genehmigung der übrigen abgegeben, genügt nicht. Damit nämlich würde die lediglich dem Richter zukommende Beurteilung, ob eine verbindliche Erklärung der Kollektivprokuristen abgegeben sei, der den Eid leistenden Partei völlig überlassen sein. Ja es würde möglicherweise selbst die keineswegs einfache Frage der Beantwortung des zum Eid Berufenen unterstellt sein, ob im einzelnen Falle eine allgemeine Beauftragung und Autorisation eines einzelnen der Kollektivprokuristen durch die anderen als rechtswirksam erscheine".

§ 22. Eine derartige Vertretung nun ist bei schriftlichen Akten selbstverständlich ausgeschlossen; denn das könnte schließlich dazu führen, die Zeichnung schon eines Kollektivprokuristen wider das Gesetz für rechtsverbindlich auszugeben.

Auch ist unbestritten ein allgemeiner Auftrag des einen an den anderen, ihn bei allen mündlichen Rechtsakten oder beim Abschluß von Verträgen bestimmter Art zu vertreten, ungiltig,[2] wiewohl hierin keine volle Substitution zu erblicken ist. Denn auf diese Weise würden gerade die Vorzüge der Kollektivprokura, welche in dem gemeinschaftlichen Handeln bestehen, illusorisch gemacht, und die ihr zu Grunde liegende Absicht vereitelt werden.

Dahingegen hat man vielfach versucht, eine Vertretung im speziellen Falle wenigstens derart zuzulassen, daß die mechanische Ausführung gefaßter Beschlüsse einem einzigen Kollektivprokuristen übertragen wurde.

Indessen ist das Internum erfolgter Beschlußfassung für das äußere Auftreten durchaus bedeutungslos,[3] und es träte dann, wie in den vorigen Fällen, eine Rechtsunsicherheit für das Publikum ein, dem es häufig schwer werden dürfte, sich darüber zu orientieren, ob es dem sich als Stellvertreter der übrigen gerierenden Kollektivprokuristen mit gutem Fug trauen darf. Vielmehr erscheint auch hier die Kollektivprokura unstatthafterweise in eine Einzelprokura verwandelt. Nur dann kann ein Kollektivprokurist den Prinzipal ohne Mitwirkung eines andern in gewissem Umfange vertreten, wenn

[1] Entscheid. des R.O.H.G., Bd. XVII, S. 402.

[2] Vergl. Bolze, Praxis des Reichsgerichts in Civilsachen, Bd. IV, 1888, No. 807.

[3] Diesen Satz stellt Ring (a. a. O., S. 509) für die Vorstandsmitglieder einer Aktiengesellschaft auf.

er zugleich einfacher oder Handlungs-Bevollmächtigter ist.[1] Wollen also mehrere Kollektivprokuristen die Ausführung eines gemeinsamen Beschlusses einem aus ihrer Mitte übertragen, so steht ihnen dies nach Art. 42, Abs. 1 im Wege der Bevollmächtigung frei. Dann handelt der Betreffende aber nicht mehr in seiner Eigenschaft als Prokurist und hat sich infolgedessen auch bei der Zeichnung des Zusatzes „i. V."[2] statt des sonst gebrauchten „p. p." zu bedienen.

§ 23. Man könnte nun vielleicht behaupten, wenn selbst im allgemeinen das Zusammenwirken der Kollektivprokuristen erforderlich sei, so dürfe hiervon doch in Fällen dringender Gefahr abgegangen werden, und dies zwar umsomehr, als ein Gleiches für die offenen Gesellschafter gesetzlich zugelassen ist.[3] Diese Auffassung vertritt v. Kräwel,[4] welcher sogar meint, daß nach Art. 1 H.G.B.[5] die Landesgesetze maßgebend seien für die Frage, inwieweit die mit einer Kollektivprokura Betrauten nur gemeinschaftlich oder jeder für sich zu handeln befugt sind. Nach Kräwels Ansicht giebt uns nämlich das Handelsgesetzbuch selbst hierüber nicht hinreichenden Aufschluß, und dies wird in folgender Weise begründet:

Zu Art. 41, Abs. 3 wurde in zweiter Lesung auf der Nürnberger Konferenz analog dem Art. 100 der Zusatz vorgeschlagen:[6]

„Im Falle der Kollektivprokura kann keiner der einzelnen Prokuristen allein Geschäfte vornehmen.

Ist dagegen die Prokura mehreren Personnen nicht gemeinschaftlich oder mit der ausdrücklichen Beschränkung übertragen, daß einer nicht ohne den andern handeln dürfe, so kann jeder der Prokuristen alle Handlungen vornehmen, zu denen ihn die Prokura ermächtigt".

Der Antrag wurde jedoch ohne Angabe von Gründen abgelehnt.

Warum verschweigt uns aber Kräwel, daß sich hinter dem 1. Absatze dieses Antrages ursprünglich noch die Worte fanden: „. . . es sei denn, daß Gefahr im Verzuge ist", und daß von anderer Seite noch folgender Zusatz proponiert war:

---

[1] Vergl. Goldschmidt, Zeitschr., XL, S. 449; siehe ferner Entscheid. des O.L.G. Braunschweig vom 23. Sept. 1889 in der Zeitschr. für Rechtspflege in Braunschweig, Jahrg. 1890, S. 165 ff.

[2] Vergl. Art. 48 H.G.B.

[3] Vergl. Art. 100 und 104 H.G.B.

[4] Siehe in Buschs Archiv, III (1864), S. 177.

[5] „In Handelssachen kommen, insoweit dieses Gesetzbuch keine Bestimmungen enthält, die Handelsgebräuche und in deren Ermangelung das allgemeine bürgerliche Recht zur Anwendung".

[6] Vergl. zu dem folgenden S. 949 ff. der Protokolle.

„Bei einer Kollektivprokura können, falls nicht Gefahr auf dem Verzuge haftet, die bestellten Prokuristen giltiger Weise nur gemeinschaftlich handeln“.?

„Da indessen die Bestimmung, wie sie in diesem Antrage und in den Worten des ersten Antrages: „. . . es sei denn, daß Gefahr im Verzuge ist“ enthalten ist, für sehr bedenklich befunden ward, wurde der zuletzt genannte Antrag zurückgezogen und die Streichung der gedachten Worte aus dem vorigen Antrage von dem Herrn Abgeordneten vorgenommen“.

Unter diesen Gesichtspunkten spricht die ungeachtet der berührten Modifikation gleichfalls erfolgte Ablehnung des ersten Antrages weit eher dafür, daß der Inhalt desselben für selbstverständlich erachtet wurde, wofern nicht einfach der Zufall hier mitspielte, oder andere uns unbekannt gebliebene Gründe ins Gewicht fielen, als daß man hieraus den Schluß ziehen könnte, die Kommission habe die Notwendigkeit des Zusammenwirkens nicht ausnahmlos für alle Akte der Kollektivprokuristen statuieren wollen. Und es folgt daraus, was wir vorhin schon festgestellt haben, daß Gemeinschaftlichkeit schlechthin für Handlungen jeder Art, nicht bloß für schriftliche Verträge erfordert wird. Es ist also auch falsch, wenn Kräwel hiervon für mündlich abgeschlossene Rechtsgeschäfte gemäß der Fassung des Art. 44, Abs. 2 eine Ausnahme machen will, und nicht minder, wenn er im weiteren seine Beweisführung darauf stützt, daß Art. 44 lediglich eine Formvorschrift sei. Allerdings lautete Art. 44 im Entwurf erster Lesung:[1]

„Zur rechtsgiltigen Zeichnung der Prokura gehört, daß der Prokurist der Firmazeichnung einen die Prokura andeutenden Zusatz und seinen Namen beifügt.

Bei einer Kollektivprokura hat jeder Prokurist der Firmazeichnung mit diesem Zusatze seinen Namen beizufügen.“

„Bei der zweiten Lesung wurde nun das Wort „rechtsgiltigen“ beanstandet, und, da es der Absicht der Versammlung nicht entspreche, zu sagen, daß die Handlung des Prokuristen unter allen Umständen nicht rechtsverbindlich sei, wenn nicht in der vorgeschriebenen Art gezeichnet worden, da vielmehr hier nur eine Ordnungsvorschrift über die Art gegeben werde, wie der Prokurist gewöhnlich zeichnen solle, der Antrag gestellt, dem entsprechend die Fassung des Artikels zu ändern und dabei im Absatz 2 deutlich hervorzuheben, daß die Firma und der die Prokura andeutende Zusatz nur einmal geschrieben zu werden brauche. Hiermit erklärte sich die Versammlung einverstanden“.

---

[1] Vergl. zu dem folgenden S. 953 der Protokolle.

Aber es ergiebt sich hieraus meines Ermessens ganz unzweideutig, daß Art. 44, Abs. 2 eine Ordnungsmaßregel nur insoweit enthält, als es sich um die Art der Unterschrift handelt, daß also, worauf wir unten S. 48 ff. noch näher eingehen werden, unbeschadet der Rechtsgiltigkeit vielleicht der Zusatz p. p. oder die Firma selbst fehlen kann, daß hingegen die Kollektivzeichnung ein reiner Formalakt ist, sofern nicht eine einzige Unterschrift unterbleiben darf, soll nicht zugleich die ganze Urkunde wertlos werden.

Wir sehen also, daß die Frage, ob Kollektivprokuristen nicht unter Umständen auch selbständig handeln dürfen, vom Gesetz keineswegs offen gelassen ist. Von einer analogen Anwendung der Art. 100 und 104 H.G.B., wie sie v. Kräwel befürwortet, kann aber schon deswegen keine Rede sein, weil sich dieselben nur auf das Verhältnis der Gesellschafter nach innen beziehen, die darin zugelassenen Ausnahmen bei Gefahr im Verzuge daher von Dritten nicht berücksichtigt zu werden brauchen. Irrtümlicherweise haben Keyßner, Anschütz-v. Völderndorff und v. Hahn in seiner ersten Auflage die Art. 100 und 104 ebenfalls auf das äußere Verhältnis bezogen, und zwar, wie ich vermute, durch den Umstand verleitet, daß nach den Nürnberger Protokollen ursprünglich zu Art. 41, Abs. 3 ein dem Art. 100 analoger Zusatz vorgeschlagen war, während doch sonst das Handelsgesetzbuch sich jeglicher Bestimmungen über das innere Verhältnis der Prokuristen enthält. Oder es beruht dieses Versehen auf einer zweiten Verwechselung, auf welche Förtsch ebenso wie auf die erstere in seiner neuen Bearbeitung des Pucheltschen Kommentars[1] besonders scharf hingewiesen hat, nämlich derjenigen von „Kollektiv-Geschäftsführung" mit „Kollektiv-Vertretung". Wenn diese beiden Begriffe auch teilweise in einander fließen, sich in der weitaus überwiegenden Mehrzahl von Fällen decken, und infolgedessen von vielen der Ausdruck „Geschäftsführung" schlechthin als gleichbedeutend mit „Vertretung" gebraucht wird, so darf man doch nicht außer Acht lassen, daß erstere im Grunde genommen lediglich einen Auftrag, die letztere dagegen eine Vollmacht darstellt.[2]

Die Art. 100 und 104 beziehen sich nun nach dem Wortlaute des Gesetzes selbst auf die „Geschäftsführung" und könnten dem-

---

[1] Siehe daselbst (2. und 3. Lieferung) Anm. 1 und 2 zu Art. 99; Anm. 1 zu Art. 100 u. a. m.

[2] Über das Verhältnis von Auftrag zu Vollmacht bei der Kollektivprokura siehe unten S. 56.

Vergl. hierzu auch Behrend, a. a. O., § 72, Note 12; desgl. Staub, § 1 zu Art. 100; anderer Meinung dagegen Renaud, Kommanditgesellschaften, Leipzig, 1881, S. 372.

nach höchstens für das Verhältnis der Kollektivprokuristen unter einander zu analoger Anwendung in Betracht kommen.

§ 24. Wo sich jedoch bei anderen Arten der Kollektivvertretung ausnahmsweise Abweichungen von der Notwendigkeit gemeinschaftlichen Handelns mit rechtlicher Wirkung gegen Dritte vorfinden, kann man gegen die Herübernahme solcher Bestimmungen für die Kollektivprokura im allgemeinen nichts einwenden. Ergiebt sich z. B. aus § 157, Abs. 3 Z.P.O. in Verbindung mit Art. 117, Abs. 2 H.G.B., daß gerichtliche Insinuationen rechtswirksam an jeden einzelnen kollektiv vertretenden offenen Gesellschafter geschehen können, so ist nicht einzusehen, warum dies nicht auch auf Kollektivprokuristen ausgedehnt werden sollte, zumal nach § 159 Z. P. O. die Zustellung an einen Prokuristen mit gleicher Wirkung, wie an die Partei selbst erfolgt. Hierdurch werden Umständlichkeiten beseitigt, und die bloße Behändigung einer Zustellungsurkunde an einen Kollektivprokuristen dürfte niemals eine Gefahr für den Prinzipal in sich schließen, weshalb auch keine Veranlassung vorläge, diesen Fall bei Erteilung einer Kollektivprokura auszunehmen.

Das endlich steht allgemein fest, daß sich die Kollektivprokura nur auf die Stellvertretung im Handeln beschränkt.[1] Kommt es auf das Wissen oder Nichtwissen einer Thatsache an, so ist die Kenntnis auch nur eines einzelnen ausreichend.[2]

§ 25. Nachdem wir nunmehr auseinandergesetzt haben, daß die Kollektivprokuristen regelmäßig zwar zusammen wirken müssen, ihre gemeinschaftlichen Handlungen aber in sehr verschiedenen Gestaltungen zum Ausdrucke bringen können, haben wir uns noch mit der weitaus wichtigsten dieser Formen, der Zeichnung, ein wenig eingehender zu beschäftigen.

a. Die Zeichnung einer Kollektivprokura muß gemäß Art. 44 H.G.B. neben der Firma und dem Namen der Kollektivprokuristen zweierlei zu erkennen geben, erstens daß in Prokura gehandelt werde, zweitens daß es in Kollektivprokura geschehe. Jenes ist eine bloße Ordnungsvorschrift, oder, wie Thöl[3] sagt, kein Rechtssatz, sondern lediglich ein „Wunsch“ des Gesetzgebers, dieses dagegen die Vorbedingung für die Rechtsgiltigkeit der Zeichnung.

Daß eine Kollektivprokura vorliegt, zeigt schon die mehrfache Unterschrift. Man hat im Gesetz zu finden geglaubt, es müsse der Firmazeichnung ein auf das Kollektivprokuraverhältnis hindeutender

---

[1] Vergl. Staub, a. a. O., S. 58.
[2] Vergl. Bolze, a. a. O., I, No. 1186 und IV, No. 807.
[3] Thöl, a. a. O., S. 193; vergl. oben S. 45 a. A.

Zusatz beigefügt werden, z. B. „p. p. koll" oder „in Koll.-Pr.";[1] allein dies ist kaufmännisch ganz ungebräuchlich.

Es beziehen sich auch die Worte „. . . mit diesem Zusatze" im Abs. 2 des Art. 44 nur auf „Prokurist", nicht auf das entfernter stehende „Kollektivprokura".

Daß überhaupt eine Prokura vorhanden ist, erhellt aus dem Zusatze „p. p.". Die Zeichnung einer Kollektivprokura gestaltet sich demnach, wie folgt:

1. p. p. Lutze & Söhne
A. Mayer. B. Fischer.

Es sind nun Zweifel darüber entstanden, ob der die Prokura andeutende Zusatz der Firma vor- oder nachzustellen, oder ob er den Namen der Prokuristen beizufügen sei, was sich in der Weise ausnehmen würde:

2. Lutze & Söhne p. p.	oder 3. Lutze & Söhne
A. Mayer. B. Fischer.	p. p. B. Fischer. A. Mayer.

Sich über so unwesentliche Punkte zu streiten, erscheint jedoch zwecklos. Meines Erachtens entsprechen die angegebenen Zeichnungsarten sämtlich den Erfordernissen des Art. 44. Das Gesetz hat auf diese Unterschiede ebensowenig Wert gelegt, wie auf die Reihenfolge der Unterschriften selbst, und es ist unrichtig, aus der Fassung des Abs. 2: „Bei einer Kollektivprokura hat jeder Prokurist der mit diesem Zusatze versehenen Firmazeichnung seinen Namen beizufügen" folgern zu wollen, hierdurch werde die Bestimmung des ersten Alinea: „Der Prokurist hat in der Weise zu zeichnen, daß er der Firma einen die Prokura andeutenden Zusatz und seinen Namen beifügt" vor allem für Kollektivprokuren unzweifelhaft dahin deklariert, daß der die Prokura andeutende Zusatz schon der Firma selbst, nicht erst dem Namen der oder eines der Prokuristen vorzusetzen sei.[2] Wäre dies wirklich beabsichtigt, so würden uns wohl die Protokolle darüber Auskunft geben. Diese aber erwähnen nur, man habe beschlossen, deutlich hervorzuheben, daß der die Prokura andeutende Zusatz nur einmal geschrieben zu werden brauche,[3] und lediglich in diesem Sinne ist der Wortlaut und die Fassung des Alinea 2 zu erklären. Nichts anderes bezweckt wohl auch ein abgelehnter Vorschlag zur Fassung des Art. 44:

„Zur Zeichnung der Firma durch Prokura gehört, daß der Firma ein die Prokura andeutender Zusatz beigefügt, sohin dieselbe

[1] Vergl. Anschütz-v. Völderndorff, a. a. O., S. 340.
[2] Vergl. hierzu Busch, Archiv, XXIII, S. 235 und I, S. 399.
[3] Vergl. oben S. 44 a. E.

von dem Prokuristen und bei einer Kollektivprokura von jedem derselben unterzeichnet werde". Sind doch überdies die Ausdrücke „versehen" und „beifügen" ganz allgemeine Begriffe, welche nicht bloß zwischen vorn und hinten, sondern noch in anderer Weise unserem Belieben freien Spielraum lassen. Daran wird selbst durch die Thatsache nichts geändert, daß die Seite 47 unter 1. angegebene Zeichnungsart notorisch bereits vor der Einführung des Handelsgesetzbuches im Verkehr vielfach üblich war und inzwischen fast zu einer allgemeinen kaufmännischen Sitte geworden ist.[1] Ja es sind die drei erwähnten Formen der Zeichnung keineswegs als die einzig möglichen anzusehen, insbesondere gilt die schwerfällige Form mit Wiederholung der Firma einschließlich des Zusatzes p. p.:

p. p. Lutze & Söhne
A. Mayer

p. p. Lutze & Söhne
B. Fischer

jedenfalls als durchaus vorschriftsmäßig.

Es geht ferner die allgemeine Auffassung dahin, sogar die Zeichnung der Firma mittels Stempeldruckes oder in ähnlicher Weise zuzulassen, wofern nur die Prokuristen ihre Namen handschriftlich beifügen.[2]

b. Wird aber gegen die eben für ordnungsgemäß erklärten Formen thatsächlich verstoßen, so hat dies die Ungiltigkeit der Zeichnung auch nur dann zur Folge, wenn sich aus ihr nicht entnehmen läßt, welches die Firma ist, für die gezeichnet worden, und wer die zeichnenden Prokuristen sind, mit anderen Worten, wenn der Sinn der Unterschrift geradezu unverständlich ist.[3] Dies trifft nun hinsichtlich der Kollektivprokura viel häufiger zu, als bei der einfachen Prokura. Eine Wechselunterschrift z. B. wird dadurch nicht ungiltig — was allerdings kaufmännischer Auffassung widerstreitet —, daß von einem Einzelprokuristen lediglich die Firma ohne Zusatz, oder mit dem bloßen Vermerk „p. p." ohne seinen Namen gezeichnet ist, während eine wiederholte Unterschrift der Firma allein seitens mehrerer Kollektivprokuristen zwecklos erschiene.[4] Würden dieselben jedoch unter Weglassung der Firma

---

[1] Vergl. Anschütz-v. Völderndorff, a. a. O., S. 340.

[2] Vergl. Keyßner, a. a. O., Note 3 zu Art. 44; Makower, Anm. zu Art. 44 und Entscheid. des R.O.H.G., XIV, S. 319.

[3] Vergl. Busch, Archiv, I, S. 55.

[4] Vergl. hierzu Entscheid. des R.O.H.G., XVIII, S. 99, V, S. 265 und X,

ihre Namen mit oder ohne den Zusatz „p. p." unterzeichnen, so brauchte dies der Rechtsverbindlichkeit noch keinen Eintrag zu thun, da es nach Art. 52 H.G.B. für die Haftung des Prinzipals gleichgiltig ist, ob das Geschäft ausdrücklich im Namen des Prinzipals geschlossen worden ist, oder ob die Umstände ergeben, daß es nach dem Willen der Kontrahenten für ihn geschlossen werden sollte.[1]

Dahingegen ist das Vorhandensein einer Kollektivprokura unmöglich schon daraus zu entnehmen, daß der eine Kollektivprokurist lediglich die Firma, der andere bloß seinen Namen unterschrieben hat.[2]

§ 26. Eine geringfügige Modifikation muß die in den vorigen Paragraphen geschilderte Art der Zeichnung erleiden, wenn bei einer Handelsgesellschaft der eine Kollektivprokurist dieser zugleich als Gesellschafter, Vorstandsmitglied oder Geschäftsführer angehört. Hier erübrigt sich nicht nur der die Prokura andeutende Zusatz, sondern wäre sogar geeignet, das Publikum über die Qualität des Vorstandsmitgliedes ... als solches zu täuschen und irre zu leiten.

Demnach ist in diesem Falle die oben Seite 47 unter 1. angeführte Form nicht angebracht, und es hat sich folgende eingebürgert:[3]

4. Breslauer Diskonto-Bank
H. Heimann. p. p. F. Pick,

oder es greift mitunter eine strengere Beobachtung der formellen Vorschriften über Firmenzeichnung Platz, wonach jeder der beiden Vertreter die Firma selbst so zeichnet, wie es ihm in seiner Eigenschaft als Inhaber ... oder Prokurist obliegt:[4]

Breslauer Diskonto-Bank p. p. Breslauer Diskonto-Bank
H. Heimann. F. Pick.

Mehr als notwendig enthält aber eine von Keyßner[5] angeführte Zeichnungsart:

General-Agentur Delbrück, Leo & Co.
Leo. p. p. A. Delbrück
Wm. Liebermann,

S. 56; ferner Thöl, a. a. O., § 56, No. 3, und Keyßner, Deutsches Handelsblatt, 1876, S. 27.

[1] Vergl. v. Hahn, a. a. O., S. 182, § 2 zu Art. 44.

[2] Anderer Meinung ist Keyßner in Goldschmidts Zeitschr., Bd. XIV, Seite 452.

[3] Vergl. Goldschmidts Zeitschrift, XIV, S. 644.

[4] Vergl. Busch, Archiv, I, S. 276.

[5] in Goldschmidts Zeitschrift, XIV, S. 447.

welche offenbar andeuten soll, daß der Kollektivprokurist Wm. Liebermann — was für uns ohne Interesse ist — im vorliegenden Falle lediglich an Stelle des mit seinem Sozius Leo zur Kollektivrepräsentation berufenen Gesellschafters A. Delbrück eingetreten ist.

VIII. Eintragung der Kollektivprokura.

§ 27. Um nun der Kollektivprokura als solcher nach außen in vollstem Umfange Anerkennung zu verschaffen, um insbesondere die Vermutung der Einzelvertretung mit ihren Rechtsfolgen auszuschließen, bedarf dieselbe sofort nach ihrer Errichtung ebenso der Anmeldung zur Registrierung, wie die gewöhnliche Prokura[1] einerseits und die Anordnung der Kollektivrepräsentation bei der offenen Handelsgesellschaft[2] andererseits.

Nach § 44 der allgemeinen Verfügung und Instruktion des Justizministers vom 12. Dezember 1861,[3] I. Teil, 3. Abschnitt, erfolgt dann in Preußen die Eintragung der mehreren Prokuristen in der 2. Abteilung des Handelsregisters, dem Prokurenregister,[4] unter der 6. Rubrik mit der Erwähnung, daß eine Kollektivprokura erteilt ist. In denjenigen Staaten, welche die Teilung in Firmen-, Prokuren- und Gesellschaftsregister nicht kennen, wie z. B. in Hannover[5] und dem Königreich Sachsen, findet die gleiche Eintragung unter der Rubrik 5 des Handelsregisters statt.[6]

Bei der Anmeldung selbst hat jeder Prokurist die Firma nebst seiner Namensunterschrift in der Art. 44, Abs. 1 H.G.B. angeordneten Weise persönlich vor dem Handelsgerichte zu zeichnen, bezw. die Zeichnung in beglaubigter Form einzureichen,[7] sodaß es z. B. heißt:

„Wir haben heute den Herren Adam Mayer und Benno Fischer Kollektivprokura erteilt.

---

[1] Vergl. Art. 45 H.G.B.

[2] Siehe Art. 86, Ziff. 4 H.G.B.

[3] betreffend die Ausführung des preuß. Einführungsgesetzes zum allgem. deutschen H.G.B. vom 24. Juni 1861, dessen Art. 4, letzter Absatz lautet:

„Die näheren geschäftlichen Anordnungen über die Führung des Handelsregisters bleiben einer von dem Justizminister den Gerichten zu erteilenden Instruktion vorbehalten".

[4] Siehe Friedberg, Formelbuch für Handels-, Wechsel- und Seerecht, Leipzig, 1890, S. 5.

[5] Vergl. die Hannoverische Instruktion vom 5. Oktober 1864.

[6] Siehe Friedberg, a. a. O., S. 7 ff.

[7] Siehe Art. 45, Abs. 2 H.G.B.

Herr Adam Mayer wird zeichnen:

p. p. Lutze & Söhne

A. Mayer.

Herr Benno Fischer wird zeichnen:

p. p. Lutze & Söhne

B. Fischer.

Zwar hat die Vorschrift des Art. 45 ebenfalls nur den Charakter einer Ordnungsmaßregel, insofern auch nicht eingetragene Prokuren rechtsgiltig sind. Wir werden indessen der Auffassung des Handelsrichters beipflichten, wenn er sich nach Lage der Sache berufen und verpflichtet fühlt, darüber zu wachen, daß in das Prokurenregister nur Eintragungen von Prokuren und namentlich Kollektivprokuren erfolgen, deren Zeichnung mit dem Inhalte dieser Ordnungsvorschrift übereinstimmt;[1] denn je nach der Verschiedenheit der Zeichnung können hier so große Schwierigkeiten entstehen, daß korrekte Abgabe der Unterschriften von doppelter Bedeutung ist. Im Interesse der Sicherung des Publikums erscheint es auch wünschenswert, daß die Prokuristen ihre Namensunterschriften, wie sie selbige bei Gericht einmal deponiert haben, für die Folge beständig beibehalten,[2] also wenn sie z. B. ihre Vornamen vollständig ausgeschrieben haben, dieselben nicht später willkürlich abkürzen oder ganz fortlassen. Dagegen ist es nicht ordnungsgemäß, wenn die Kollektivprokuristen in der nach Art. 44, Abs. 2 vorgeschriebenen Weise vor dem Handelsgerichte zeichnen (vergl. oben S. 47 unter No. 1., 2. und 3.); denn das Gesetz verlangt ausdrücklich, es solle jeder die Firmazeichnung hinterlegen, während der Entwurf des Handelsgesetzbuches nur die Namensunterschrift jedes Prokuristen für notwendig hielt.

§ 28. Man hat aber hierin vielfach die Bestimmung zu finden geglaubt, daß unter gleichzeitiger Beobachtung des Art. 44, Abs. 2 mehrere Prokuristen, von denen beispielsweise immer je 2 zur Vertretung befugt sind, die Firma nebst ihrer Unterschrift so oft vor dem Handelsgerichte zeichnen müssen, als überhaupt Kombinationen von je zwei ihrer Namen möglich sind. Würden also für die Handlung N. & Co. die Prokuristen A., B. und C. bestellt, so müßte jeder von ihnen zweimal die Firma nebst seinem Namen schreiben, und jeder der beiden andern einmal seinen Namen beifügen, sodaß folgende 6 Formen der Zeichnung herauskämen:[3]

[1] Vergl. Busch, Archiv, XXIII, S. 236.
[2] Vergl. Löhr, Central-Organ, III (1864), S. 90.
[3] Vergl. Busch, Archiv, II, S. 165.

1. p. p. N. & Co. A. B.	2. p. p. N. & Co. A. C.	3. p. p. N. & Co. B. A.
4. p. p. N. & Co. B. C.	5. p. p. N. & Co. C. A.	6. p. p. N. & Co. C. B.

Bei 5 Prokuristen, die in gleicher Art zu je zweien Kollektivprokura erhalten, würde hiernach eine 20fache Hinterlegung der Zeichnung gefordert. Und dies sei keine leere Formalität, sondern habe offenbar den Zweck, ein authentisches Muster zu besitzen, das bei Zweifeln und Streitigkeiten über die Echtheit einer Handschrift sofort zur Vergleichung benutzt werden könne, während man sonst sich das Muster aus verschiedenen, mehr oder minder von einander getrennt stehenden Namensunterschriften zusammenzustellen gezwungen sei.

Wir sehen bereits, diese Methode, weiter fortgesetzt, würde bei mehr als 5 Kollektivprokuristen, und wenn mehr als 2 derselben nach den Statuten zusammen ihre Unterschriften abgeben müssen, die Hinterlegung einer unverhältnismäßig rasch anwachsenden und bald unübersehbar großen Anzahl von Zeichnungen notwendig machen.

In einem anderen Falle, wo für die Firma F. H. M. & Co. 5 Prokuristen: H., D., T., E. und R. mit der Maßgabe ernannt wurden, daß je zwei von ihnen die Handelsgesellschaft rechtsverbindlich verpflichten sollen, war folgende Zeichnung in notariell beglaubigter Form eingereicht:[1]

p. p. F. H. M. & Co. H. D.	p. p. F. H. M. & Co. H. T.
p. p. F. H. M. & Co. H. E.	p. p. F. H. M. & Co. H. R.
p. p. F. H. M. & Co. D. T.	p. p. F. H. M. & Co. D. E.
p. p. F. H. M. & Co. D. R.	p. p. F. H. M. & Co. T. E.
p. p. F. H. M. & Co. T. R.	p. p. F. H. M. & Co. E. R.

Der Prokurist H. hatte also die Firma 4mal, D. 3mal, T. 2mal und E. einmal gezeichnet, und jeder von ihnen hatte den von ihm eigenhändig bewirkten Zeichnungen in erster Stelle seine Namens-

[1] Dieser Fall ist mitgeteilt in Löhrs Central-Organ, III (1864), S. 89.

unterschrift beigefügt, sodann aber hatten noch D., T., E. und R. die Zeichnungen des H.; T., E. und R. die des D.; E. und R. die des T. und R. die des E. in zweiter Stelle mit ihrem Namen unterschrieben. Durch diese 10 Verbindungen war es allerdings erreicht worden, daß jeder von den 5 Prokuristen mit einem jeden der 4 übrigen zusammen unter der Firma seine Unterschrift abgegeben hatte, der R. jedoch hatte auf diese Weise die Firma selbst gar nicht gezeichnet.

Während in dem ersten Falle offenbar zu viel oder wenigstens mehr als erforderlich, war in dem zuletzt angeführten entschieden zu wenig geschehen.

Es ist daher, um die Echtheit prüfen und konstatieren zu können, vollkommen ausreichend, wenn, wie S. 51 a. A. angegeben ist, jeder der Prokuristen ohne Unterschrift der anderen einmal die Firma nebst seinem Namen zeichnet, und sie gleichzeitig erklären, daß ohne Unterschied noch immer einer der übrigen seinen Namen beifügen werde und müsse, um den Prinzipal zu verpflichten. Denn da diese Beschränkung gleichfalls in das Prokurenregister eingetragen und publiziert wird, so kann sich das Publikum die daraus entstehenden Kombinationen ohne irgendwelche Gefahr eines Mißverständnisses, und ohne daß sie vor dem Gerichte effektuiert zu werden brauchen, selbst bilden. Die Zeichnung sämtlicher, überhaupt möglichen Formen würde nur dann von Bedeutung sein, wenn man die Sache auf die Spitze treiben und etwa die Verbindlichkeit der Zeichnung von der Bedingung abhängig machen wollte, daß ein jeder der Prokuristen bei der gemeinschaftlichen Zeichnung der Firma mit einem der übrigen beständig dieselbe Reihenfolge in der Namensunterschrift, oder abwechselnd bei einer die erste, bei einer anderen die zweite Stelle einhalte.

Ein solch' leerer Formalismus ist aber weder durch die Natur der Sache, noch durch das Gesetz geboten, und die Hinterlegung der Zeichnung, welche schon an und für sich zu erkennen giebt, daß ein übereinstimmender Wille seitens der Unterzeichnenden obgewaltet habe, gehörte als unwesentlich nicht in die Beurkundung des Handelsregisters, sondern höchstens in die Beilageakten, woselbst sie zu leichterer Vergleichung der Handschriften aufbewahrt werden könnte.

§ 29. Daraus ergiebt sich zugleich, daß bei Anmeldung einer einem Prokuristen in Gemeinschaft mit einem Gesellschafter u. s. w. erteilten Kollektivprokura nur der Prokurist seine Zeichnung einzureichen hat, insofern der Gesellschafter die seinige schon vorher bei Anmeldung der Firma abgeben muß, wie auch, daß bei der

Eintragung in diesem Falle der Prokurist allein unter der betreffenden Rubrik zu nennen ist mit dem Vermerk, daß er an die Mitwirkung eines Gesellschafters gebunden ist, daß dagegen dieser nicht ausdrücklich als Prokurist verzeichnet zu werden braucht. Eine Ungenauigkeit kann hierbei selbst in den Gebieten mit getrenntem Registersystem deswegen nicht entstehen, weil das Prokurenregister zugleich immer auf das Firmen- oder Gesellschaftsregister verweisen muß,[1] woraus sich alles weitere entnehmen läßt, und wo bei dem Gesellschafter vermerkt ist, daß er auch in Gemeinschaft mit einem Prokuristen kollektivvertretungsberechtigt ist.

Gänzlich unbegründet erscheint es mithin, in solchem Falle von einer Kollektivprokura eines Prokuristen mit einem „anonymen" Kollektivprokuristen zu reden, wie es in Löhrs Central-Organ für den deutschen Handelsstand, Neue Folge, Band VIII, Seite 347 geschieht.

IX. Aufhebung der Kollektivprokura.

§ 30. Wie die Erteilung, so ist auch die Aufhebung einer Kollektivprokura und jede Änderung in der Zusammensetzung derselben, mithin auch in der Person eines der damit Betrauten registerpflichtig, um eine solche Dritten mit Erfolg entgegensetzen zu können.[2]

a. Wann aber gilt nun eine Kollektivprokura als erloschen? Dafür sind zunächst die Aufhebungsgründe der einfachen Prokura als maßgebend anzusehen, also vertragsmäßige Kündigung der Prokuristen oder des Prinzipals, einseitiger Widerruf des letzteren[3] und Tod der ersteren. In allen diesen Fällen aber schadet der Wegfall eines oder einiger Prokuristen dem Bestande der Kollektivprokura nur dann, wenn die übrigbleibenden nicht mehr in der vorschriftsmäßigen Anzahl zu zeichnen imstande sind. Demgemäß bleibt die Kollektivprokura aufrecht erhalten, wenn z. B. von 5 Trägern derselben, von denen immer 3 gemeinsam zur Vertretung der Firma befugt sind, 2 wegsterben oder kündigen.

---

[1] Vergl. Friedberg, a. a. O., S. 5, Rubrik 5.
[2] Vergl. Art. 46 H.G.B.
[3] Vergl. Art. 54, wonach die Prokura jederzeit widerrufen werden kann, unbeschadet der Rechte aus dem bestehenden Dienstverhältnisse.

b. Die Umwandlung einer Kollektivprokura in Einzelprokuren gilt ebenfalls als Aufhebung der ersteren. Hier könnte man die Frage aufwerfen, ob eine solche Umwandlung im Wege derogierender Gewohnheit möglich ist, mit andern Worten ob die Kollektivprokuristen durch längere Zeit hindurch fortgesetztes Alleinhandeln zu giltigen Vollprokuristen erstarken können?

Hinsichtlich der offenen Handelsgesellschaften ist die analoge Frage für Sozien, denen Kollektivrepräsentation eingeräumt ist, von Puchelt[1] bejaht worden. Wir können dies wohl unbedenklich auch auf die Kollektivprokura ausdehnen. Jedenfalls aber wird die Beurteilung obiger Frage von der Kenntnisnahme des Prinzipals abhängen, und davon, ob er gegen die selbständigen Handlungen der Kollektivprokuristen einschreitet oder nicht. Letzterenfalles läge eine stillschweigende Ermächtigung zu voller Perprokura-Zeichnung, folglich auch ein stillschweigendes Erlöschen der Kollektivprokura vor. Ist der Prinzipal aber nicht damit einverstanden, so ist dies genau so anzusehen, wie wenn jemand als Prokurist ein Handelsgeschäft abschließt, ohne derartige Vollmacht wirklich erhalten zu haben, wobei er dem Dritten persönlich nach Handelsrecht verhaftet wird.[2]

Die Aufhebung der Kollektivprokura steht natürlich denjenigen Personen ausschließlich zu, welche zu deren Bestellung ermächtigt sind.[3]

X. Inneres Verhältnis der Kollektivprokuristen.

§ 31. a. Über das innere Verhältnis der Kollektivprokuristen zum Prinzipal bezw. zur Gesellschaft bestimmt das Gesetz nichts. Die beiderseitigen Rechte und Pflichten regelt also der freie formlose Vertrag. In Bezug auf den Dienstvertrag, die Dauer und Widerruflichkeit[4] des Dienstverhältnisses insbesondere, sowie in Bezug auf das Verbot eigenen Geschäftsbetriebes[5] unterscheidet sich die Stellung des Kollektivprokuristen aber juristisch von derjenigen

[1] Vergl. Puchelt, a. a. O., S. 248, Anm. 3 zu Art. 115.
[2] Vergl. Art. 55, Abs. 1 H.G.B.
[3] Vergl. oben S. 34, § 18.
[4] Darunter ist hier die zwischen Prinzipal und Prokurist gegenseitig bedungene Kündigungsfrist gemeint.
[5] Vergl. Art. 56 H.G.B.

eines Einzelprokuristen ebensowenig, wie von der eines zum Betriebe eines ganzen Handelsgewerbes bestellten anderen Handlungsbevollmächtigten.

Streng auseinanderzuhalten ist jedoch das innere Verhältnis, der Auftrag, von dem äußeren, der Vollmacht. Letztere kann bekanntlich über ersteren hinausgehen, so z. B. wenn den oder einem der Kollektivprokuristen nur die Führung der Kassengeschäfte anvertraut ist. An solche vertragsmäßige Weisungen und Schranken sind die Kollektivprokuristen dem Prinzipal bezw. der Gesellschaft gegenüber durchaus gebunden und haften in jedem Falle für Ersatz des ganzen Schadens, welcher aus der Nichtbeachtung derselben erwächst.

b. Betreffs der gegenseitigen Beziehungen der Kollektivprokuristen unter einander kann angeordnet werden, daß sämtliche Beauftragten einig sein müssen, um eine Zeichnung der Firma vorzunehmen, oder auch, daß sich die Minderheit der Mehrheit zu fügen habe u. a. m. Gesetzliche Vorschriften existieren hierüber ebenfalls nicht, und alle derartigen Anordnungen haben für den Dritten keine Wirkung; für diesen entscheidet lediglich, ob die Gesamtheit gehandelt hat oder nicht.

Z. B. der Fabrikant A. erteilt seinen 5 Söhnen Kollektivprokura und bestimmt, daß vor jeder wichtigeren Handlung Beratung stattfinden und nur, wenn mindestens 4 einstimmig seien, das Geschäft vorgenommen werden solle. — Ein bedeutender Baumwollenkauf ist in Frage. 3 Söhne sind dafür, die anderen dagegen; allein der betreffende Bestellbrief wird den beiden Dissentierenden als ein gewöhnlicher Geschäftsbrief unterbreitet und von ihnen irrtümlich unterschrieben. Die Firma ist dadurch unweigerlich an den Kauf gebunden.[1]

XI. Schluß.

§ 32. Wenn wir nun auf die gesamte vorstehende Abhandlung einen kurzen Rückblick werfen, so wird ersichtlich, daß unser Hauptaugenmerk durchweg zuvörderst darauf gerichtet war, unter Zugrundelegung der Prokura gewöhnlicher Art auf die wesentlichen Merkmale hinzuweisen, durch welche sich das Institut der

---

[1] Dieser Fall wird angeführt von **Anschütz-v. Völderndorff**, a. a. O., Seite 319.

Kollektivprokura insbesondere in Bezug auf Begriff, Inhalt und Zeichnung von jener unterscheidet, demnächst aber darauf, die Eigentümlichkeiten der bei den Handelsgesellschaften üblichen Kollektivprokuren zu entwickeln.

Nachdem wir es in dieser Weise versucht haben, die Kollektivprokura nach Maßgabe der neuesten Gesetzeskommentare und Lehrbücher des Handelsrechts, sowie unter eingehender Berücksichtigung der Materialien zur Darstellung zu bringen, wäre schließlich noch eine Betrachtung am Platze, inwieweit sich wohl das Bedürfnis nach Abänderung der einschlägigen gesetzlichen Vorschriften geltend macht.

So ist neuerdings von Staub auf Grund der Fassung des Art. 43 H.G.B. gegen denselben Widerspruch erhoben worden[1] unter Anerkennung des Umstandes, daß es eine in der Praxis unentbehrliche Rechtsbildung sei, den Prokuristen an die Mitwirkung eines Gesellschafters u. s. w. zu binden.

Da wir aber hinlänglich dargethan haben, daß von einer Kollision hier in keinem Falle die Rede sein könne, erscheint auch ein Vorschlag de lege ferenda in dieser Beziehung überflüssig. Höchstens könnte ein Zusatz aufgenommen werden, welcher ausdrücklich besagt, daß durch eine subjektive Beschränkung die Vorschrift des Art. 43 gar nicht berührt werde.

Da ferner eine derartige Repräsentationsform unserer Meinung nach dem Alinea 3 des Art. 41 unmittelbar entspricht, brauchte dieser ebensowenig anders abgefaßt zu werden.

Demnach erschiene nur für Art. 44, Abs. 2 ein Zusatz wünschenswert, woraus unzweideutig hervorgeht, es habe der die Prokura andeutende Vermerk dann zu unterbleiben, wenn der bloße Name des Unterzeichnenden schon zu erkennen giebt, daß seine Stellung mindestens die Befugnisse eines Prokuristen in sich schließt: eine Vorschrift, welche wir bisher mangels ausdrücklicher Bestimmung lediglich aus Zweckmäßigkeitsrücksichten zu ergänzen genötigt sind.

---

[1] Vergl. hierüber Puchelt, a. a. O., Anm. 2a zu Art. 43.

Druck von Metzger & Wittig in Leipzig.

FSC
www.fsc.org
MIX
Papier | Fördert gute Waldnutzung
FSC® C083411

Kolibri 360 GmbH
Ferdinand-Jühlke-Straße 7
99095 Erfurt, Deutschland
produktsicherheit@kolibri360.de